면접을 잡아야
취업이 끝난다

1권
신입 채용 면접 편:
인성&역량 면접 중심

김치성 지음

마인드큐브

두근두근, 심장이 뛴다.

꿀꺽, 입이 바짝 마른다.

왜 나한테만? 갑작스런 어려운 질문에 당황한다.

뭐였지? 순간 머리가 하얘진다.

여기는 면접장이다.

나는 살아남아야 한다.

Contents

머리말 – 다시 시작되는 취업 스토리   006

구판 머리말   008

Part 1
면접의 속성   011

01 철저한 면접 준비의 모순성   013

02 기업의 면접 변화와 최근 면접 트렌드   024

1) 실질적인 직무 관련 경험의 검증   027

2) 직무와 업계에 대한 심층적 이해도 확인   029

3) 기업 집중성과 애착성 확인   030

4) 토론 면접의 진화, 협상 면접   031

5) P/T 면접의 전문화   035

6) 행동식 면접의 부활   039

7) NCS 기반 면접의 일상화   041

— Part 2
인성/역량 면접 프로세스 분석   047

01 면접의 실제 진행 상황 재현   049

02 면접 도입부   075

03 면접의 초반부   091

  1) 1분 자기소개   091

  2) 입사지원서 기반의 질문 구성   130

04 면접의 중반부   222

  1) 1차 면접을 관통하는 핵심! 직무적합성 또는 직무 준비도   224

  2) 면접장에서의 중반부 질문 유형   237

05 면접의 종반부   274

  1) 마지막 할 말, 또는 마지막 질문   275

06 면접의 끝   282

  1) 면접관의 평가사항: 면접평가표   283

— Part 3
지원자가 가장 궁금해하는
면접 질문 분석   289

다시 시작되는 취업 이야기

《면접 해부학》이 세상에 나온 지 벌써 10년이라는 시간이 훌쩍 지났습니다.

이 책을 읽은 수많은 취업준비생들(이후 '취준생'으로 통일함)로부터 그동안 정말 취업 준비에 큰 도움이 되었다는, 면접의 방향성을 확실하게 잡을 수 있었다는, 덕분에 합격했다는 이야기를 들으며 과분하게도 저자로서 참 많은 뿌듯함과 보람을 느꼈습니다. 취준생 이외에도, 현업에서 일하시는 취업컨설턴트 실무자 분들과 직업상담사 선생님들께서도 취업지도에 직접적인 가이드로 활용할 수 있어서 너무 좋았다는 이야기도 들어 황송했습니다.

돌이켜 보면, 사실 더 많은 이야기들이 있었습니다.

3년만에 용기 내서 면접 보는 은둔형 외톨이 손녀에게 책을 사줘서 그거 보고 합격했다는 어느 할머니의 스토리, 취업한 선배가 다른 사람에게 알리지 말고 너만 보라며 손때 묻은 책을 무림비급처럼 건넸다는 전설 같은 스토리, 인터넷 후기를 보고 절판된 구판을 구하기 위해 중고 책방을 뒤지고 또 뒤졌다는 스토리, 실제로 봤던 면접에서 책에 나온 시나리오대로 그대로 질문이 나와 너무나 소름이 돋았다는 스토리, '면접 해부학'이라는 제목 때문에 성형외과 레지던트 면접을 앞두고 무턱대고 구매했다는 의대생 스토리 등등.

이렇게, 책 하나 덕분에 다양한 사연과 스토리가 만들어지고 많은 구직자들에게 영향을 미치는 모습을 보니, 책 함부로 쓰면 안 되겠다는 생각이 들었는지도 모르겠습니다. 그 오랜 시간 동안 감히 개정판을 떠올리는 것조차도 애써 피해 왔던 핑계를 저는 이렇게 만들어 왔던 것 같습니다.

하지만, 강산이 변한다는 10년이라는 시간은 아직도 취업이라는 분야에서 한결같이 활동하고 있는 저에게 있어서 새로움과 변화를 알려야 한다는 압박으로 다가왔습니다. 이에 용기를 내어 새롭게 변화하는 면접에 대한 '달라진' 이야기를 시작할까 합니다.

아무쪼록 이 책을 읽는 여러분들에게 도움이 되었으면 좋겠습니다.

- 2025년 7월, 창 밖으로 여름이 느껴지는 연구실에서

들어가며
구판 머리말

다음의 구판 머리말은 사실 개정판에서는 빼 버릴까 하는 생각도 있었습니다. 하지만 이 책의 아이덴티티를 보전한다는 의미에서 그대로 넣었습니다. '면접은 주관이 아닌 객관'이라는 속성 자체는 시간이 지나도 변함이 없으니 한번 읽어 보기를 권합니다.

이 책을 선택하여 지금 이 머리말을 읽고 있는 사람이라면, 어떠한 형태로든 면접이 필요한 사람일 것입니다. 그것도 '언젠간' 필요한 면접이 아닌, 당장 '코 앞에 닥친' 면접을 걱정하는 사람들이 대부분일 겁니다.

면접을 앞두고 있는 당신에게 말합니다.

'면접은 당하는 것'이라고!

다소 엉뚱한 말로 들릴지 모르겠지만, 면접의 근본을 따져보면 제가 왜 이렇게 주장하는지 이해하게 될 것입니다.

"면접 합격했습니다!"

면접을 통해서 선발된다는 의미는 결국 '그들이 정해놓은 특정 기준'을 통과했다는 것을 의미합니다.

고작 30~40분 내외의 제한적인 상황에서 우리가 할 수 있는 것은 단 하나뿐입니다. 그들이 듣고 싶은 것을 들려주고, 그들이 보고 싶은 것을 보여주면 되는 것입니다. 그래서 면접은 쉽다고 저는 생각합니다. 왜냐하면 시간적으로나 공간적 그리고 내용적으로 제한성을 가질 수밖에 없는 구조이기 때문입니다.

이 책은 면접관이 무엇을 보고 싶어 하는지와 무엇을 듣고 싶어 하는지를 요약하여 정리해 놓은 자료입니다. 그래서 이 책에는 '면접관의 관점에서'라는 말과 '면접관의 시각으로 보면'이라는 말이 끊임없이 반복됩니다.

저는 이 책을 쓰기 위하여 필자가 면접관으로 직접 참여했던 면접은 물론, 실제 각종 기업에서 최근에 진행된 면접 상황 300여 개 이상을 마치 해부하듯 분석하였습니다. 이 책의 제목을 '면접 해부학'이라고 정한 이유도 여기에 있습니다.

그만큼 다양한 면접의 상황이 이 책에서 제시될 것입니다. 그리고 여러분들은 그 공통점과 차별성을 통해 면접의 중심을 찾게 될 것입니다.

제가 이 책에서 알려드리고자 하는 것은 결코 '정답'이 아닙니다. 하지만, 채용 면접의 '관점'과 '기준'만큼은 꼭! 알려드리고 싶었습니다.

취업의 최전선에서, 면접관이라고 불리워지는 아저씨, 아줌마들을 마주하게 될 여러분들의 많은 건투를 빕니다.

- 2015년 10월, 창 밖으로 가을이 느껴지는 연구실에서

Part 1

면접의 속성

이 책은 대기업 면접만을 위한 책이 아닙니다.

이 책에서 언급된 면접의 기본원리는 대기업 이외에도 공기업은 물론 중견기업과 중소기업, 강소기업, 벤처기업, 외국계 기업, 스타트업, NGO, 협회, 센터, 병원 심지어는 국가기관 면접에 있어서도 거의 그대로 적용되는 원리임을 알려드립니다.

이 책에 등장하는 모든 기업의 이름은 'S전자'와 'K은행' 또는 'J엔지니어링' 등으로 표현했음을 알려드립니다. 즉, S전자라고 해서 반드시 삼성전자를 의미하는 것이 아니라는 말입니다. 특정한 기업의 면접을 분석하는 것보다는 면접의 종합적인 속성을 파악하는 것이 더 중요하다고 판단했기 때문입니다. 그리고 기업의 면접은 그 진행 방식이 평균 2~3년을 주기로 수시로 트렌드와 핵심 평가 사항이 바뀌기 때문에 이미 지나버린 특정 기업의 특정 면접 기록은 별 의미가 없습니다.
그리고 면접의 실제성을 높이기 위해서 다양한 사람의 이름들을 사용했습니다. 따라서, 혹시, 책을 읽는 도중에 갑자기 자신의 이름이나 아는 사람의 이름이 나온다면 그건 100% 우연의 일치라는 것을 분명하게 알려드리고 시작하려 합니다.

이 책의 근간이 된 원고인 '취업 실전 면접'은 필자가 2012년부터 2022년까지 한양대학교 ERICA캠퍼스에서 강의해 왔던 취업 교과목 이름이기도 합니다. 면접이라는 단일 주제를 가지고 15주를 강의하는 교과목은 이 과목이 우리나라 유일했던 걸로 알고 있습니다. 주제도 적합하고 애정이 많았던 강의였기에 이 책의 기본 내용으로 삼았음을 밝혀 둡니다.

01
철저한 면접 준비의 모순성

최근 IT 솔루션 기업의 마케팅 직무 면접을 앞둔 지원자를 만나 상담을 진행하였습니다. 그 지원자는 필자를 보자마자 노트 한 권을 당당하게 꺼내 저에게 내용의 검토를 부탁했습니다. 노트를 넘겨보니 면접 예상문제가 무려 62개나 빼곡하게 정리되어 있었고, 놀랍게도 각각의 예상질문 아래는 스스로 생각하는 가장 이상적인 답변들이 또한 교과서처럼 빈틈없이 정리되어 있었습니다. 각종 자료와 주위의 조언들을 종합하여 마치 '면접의 교과서'와 같이 빈틈없이 정리된 그 노트는 '정말 열심히 준비했구나'의 정도를 넘어, '이건 좀 심한 것 아닌가?'의 수준까지 느껴질 정도였습니다. 분석적 내용만 해도 SWOT 분석은 기본이요, STP 분석에다 PEST 분석까지 있었으니 말입니다.

사실 필자는 몇 년간 그 기업에 지원하고 합격했던 지원자들을 컨설팅해 왔기에 면접 패턴을 잘 알고 있었습니다. 그렇기에, 그렇게 깊은 수준으로 물어보지 않는다는 사실을 알려주며 너무 욕심내지 말고 직무 내용의 이해를 기준으로 핵심사항에 집중하라는 조언을 했습니다. 특히, 기업 지원동기와 인턴 시절 진행된 프로젝트 등 4개 정도로 영역을 축소해서 답변에 집중하자고 설득했지만 지원자는 듣지 않았습니다.

그동안 고생해서 하나하나 준비한 만큼 모든 자료가 버릴 것 하나 없이 모두 모두 중요하다고 생각했기 때문입니다. 결국, 그 지원자는 지난 주에 발표된 면접 결과에서 탈락의 고배를 마셔야 했습니다.

면접장에서 받은 질문 8개 중 무려 6개의 예상질문이 유사하게 적중했지만, 암기에 의존하며 답변하려다 보니 오히려 미숙함만 보였던 것이 실패한 첫 번째 이유였고, 예상치 못한 질문 2개는 너무나 당황하여 적절하게 대응하지 못해 망쳐버린 것이 두 번째 실패 이유였다고 스스로 인정했습니다. 이렇듯, 면접의 준비에 있어서 '완벽함'이란 없습니다. 물론 지원자의 입장에서 최선을 다해 준비해야 하는 것은 맞겠지만, 써먹지도 못할 수준의 준비는 오히려 도움이 되지 않는다는 사실을 이 사례를 통해 알려드리고자 합니다.

그렇다면 '면접'을 지원자가 아닌 면접관의 입장에서 한번 생각해 봅시다. 10년 전에도 신입사원 기준 면접 평균 시간은 25~30분 내외였지만, 10년이 지난 지금도 면접 시간은 여전히 평균 30분 안팎의 시간입니다. 아마도 기업에서는 이 시간 이상을 사용하는 것은 낭비라고 생각하는 것 같습니다.

이와 같은 면접 시간에서 만일 약 4명 정도의 지원자를 면접 봐야 한다고 했을 때, 그 시간 동안 실질적으로 지원자에게 질문할 수 있는 질문의 개수는 약 7~9개 정도가 최대치라고 보면 거의 맞을 것 같습니다. 다른 지원자들에게도 질문해야 하니까요.

물론, 지원자의 수와(S전자의 경우 3~4명의 면접관과 1명의 지원자로 구성되고, H타이어 등과 같은 기업은 3명의 면접관과 2명의 지원자가 면접을 진행합니다) 부연설명을 하지 말라는 등의 특별한 요구가 있다면(H기업의 경우 지원자에게 답변에 대한 부연설명을 하지 말고 핵심만 말하라고 요구하는 것으로 유명합니다) 질문의 개수가 조금 더 늘어날 수 있지만, 면접장에서 받을 수 있는 질문의 수가 20개, 30개는 확실하게 아니라는 뜻입니다.

이와 같이 제한성을 가진 상황이라면 면접관은 어떤 질문에 초점을 맞출까요? 이때는 어떤 독특하거나 예외적인 질문(지원자님의 인생 철학은 무엇인가? 등)들 보다는 오히려 순수 면접의

목적에 부합되는 질문(본인의 직무를 선택한 이유는 무엇인가? 등)
들로 그 내용을 구성하는 경우가 훨씬 더 많을 것입니다.

이는, 마치 스릴러 영화 같은 데서 범인을 유일하게 알고 있
는 목격자의 경우와 같습니다. 즉, 다 죽어가는 상황에서 쓸데
없는 소리만 중얼거리다가 결정적으로 범인을 지목하지 못하
고 허무하게 죽어 버리는 상황과 같다고 볼 수 있습니다. 즉, 바
빠 죽겠는데 핵심에 집중하는 것이 옳다는 겁니다.

그 핵심이란 오히려 간단합니다. 아래와 같은 4대 핵심영역
으로 명확하게 정리할 수 있기 때문입니다.

> **1) 기업 집중성:** 이 지원자가 '우리 기업에 진짜 오고 싶어 하는
> 가?'를 확인하는 영역
>
> **2) 인성:** 이 지원자가 우리 조직에서 '사람들하고 잘 어울릴 수
> 있는가?'를 확인하는 영역
>
> **3) 직무적합성:** 이 지원자가 '자기가 지원한 직무의 일을 잘할
> 수 있는가?'를 확인하는 영역
>
> **4) 면접 태도:** 이 지원자가 '면접에 진정성을 보이는가?'를 확인
> 하는 영역

물론 이 밖에도 기업들마다 서로 다른 더욱 더 다양한 평가 포인트가 존재하겠지만, 그런 것들을 모두 주절주절 나열하다 보면, 재미도 없거니와 책을 쓰는 저 역시 아무런 감흥도 느끼지 못할 것입니다. 이 책은 백과사전이 아니기 때문입니다. 면접의 1차적인 핵심을 찾아내 정확하게 공략하는 전략을 연구하는 것이 이 책의 목적이기에 지금부터는 위에서 언급한 4대 평가요소를 집중적으로 분석해 보도록 하겠습니다. 세상에 존재하는 무엇이든 그 핵심으로부터 접근했을 때, 의미가 있다는 사실을 잘 기억하시기 바랍니다.

필자가 하는 일의 특성상, 참 많은 기업의 많은 면접관을 만나게 됩니다. 그분들을 자주 만나게 되면 일정한 면접의 흐름을 파악할 수 있는데, 예를 들어 과거 '인성' 중심의 면접이 '직무' 중심으로 바뀌었다가 최근에는 다시 '인성'의 비중이 점차 늘어나고 있는 변화의 흐름이 그것입니다. 또한, '지식' 중심의 면접이 '경험' 중심으로, 그 이후 '직무 연관성 경험'을 중시하며 변화되는 흐름이 또 다른 그것입니다. 이와 같은 흐름의 시각에서 바라보면 최근에 면접관들이 가장 많이 요구하는 것은 바로 '준비성'이 아닌 '현실성'이 아닐까 생각합니다.

아는 분들 중에 대형 유통업체의 임원 면접을 진행하는 이사님이 계십니다. 수시 채용으로 진행됐던 원데이 면접 일정을 모두 마치고, 면접관들이 모여 사후 피드백을 하는 회의에서 아래와 같은 말씀을 하시더군요.

"저기, 이부장, 박부장 다들 내 말 좀 들어봐요. 아니, 애들이 하나같이 정답지에서 달달 외운 답들만 앵무새처럼 대답하는 거야. 다들 이상해. 뭘 그렇게 외워온 거야? 이상하지 않아? 어? 어색하잖아? 이건 뭐 사람하고 얘기하는 건지, 로봇하고 얘기하는 건지. 아, 좀 이상해. 아, 면접이라고 하면 자기를 좀 솔직하게 보여주려고 노력해야 되는데, 이건 뭐, 아예 대본을 만들어 왔두만. 나 참, 그걸 또 잘하면 몰라. 버벅대고, 틀려서 다시 한다고 하고. 정말 이상해. 나만 이상한 건가? 인사팀 조팀장은 어떻게 생각해? 응?"

실제, 모 기업의 면접 평가 사후 회의에서 언급된 내용을 토씨 하나 빠짐없이 그대로 공개하는 이유는 단 한가지입니다. 면접장에서 보이는 여러분들의 모습은 과연 어때야 할까? 라는 의문을 제시하기 위함입니다.

회의의 상황으로 다시 돌아가 보겠습니다.
위에서 말씀드린 이사님의 역정 포인트는, 멘트는 그럴듯한

데, 그것을 마치 억지로 외운 것처럼 부자연스럽게 표현하는 모습을 보면, 마치 남이 써준 대본을 자기 것인 양 포장하며 면접관을 기만하는 것 같아 기분이 언짢다는 것이 그 핵심인 것 같습니다. 하기야, ChatGPT 또는 Perplexity 등 AI가 말해준 답변을 그대로 복붙해, 그걸 사람이 말하려니 오죽 어색하게 들렸겠습니까?

그 자리에 참석했던 부장급 면접관들 대다수가 이사님의 이 의견에 격하게 공감했고, 말 나온 김에 대책회의까지 진행이 되었습니다. 기업의 내부 사항이지만 기업의 이름이 공개되지 않기에 결론은 말씀드려도 될 것 같습니다.

앞으로 이와 같이 억지로 외운 걸 말하는 듯한 지원자의 모습이 보이면,

1. 즉시 지원자의 답변을 중단시키고,
2. "지원자님. 그렇게 외운 거 말씀하지 말고 솔직한 자신의 생각을 말해보세요"라고 재요청하고,
3. 이 요청에 반응하여 보이는 지원자의 태도에서도 진정성을 찾기 어렵다면 감점 처리를 한다.

라는 것이 그 짧은 회의의 결론이었습니다.

약간 어설픈 모습과 어눌한 말이지만, 진정성 있는 답변으로

사람의 마음을 움직이는 그런 지원자가 있습니다. 면접관의 시각으로 바라봤을 때, 즉흥적으로 만들어낸 애드립이 아닌 오랜 시간을 공들여 생각하고 또 생각한 결과물이 비로소 면접장에서 꽃 피우고 있다는 느낌이 드는 것입니다.

반면 분명히 그럴듯한 멘트임에도 불구하고, 뭔가 설득하고 호소하는 느낌이 아닌, '아싸. 이거 물어볼 줄 알았다. 빨리 말하고 끝내야지'라는 느낌을 받는 그냥 말 잘하는 지원자를 접하게 되는 경우도 있습니다. 이와 같은 지원자들의 특징은 일단 기억에 의존하여 답변하는 것이기 때문에 그걸 잃어버리면 안 된다는 강박으로 말이 빠른 경우가 대부분입니다. 말이 빠르면 내용이 잘 전달되지 않고 지원자의 성격도 급하게 느껴지게 됩니다.

또한, 이런 답변은 암기를 기반으로 하기에 중간에 생각이 나지 않는 부분에서 기억된 '그 부분'을 필사적으로 찾는 집착의 모습을 보이게 됩니다. '다시 하겠습니다'라고 말하는 경우가 대표적입니다. 그리고 이런 모습이 면접관들의 심기를 건드리는 것이 되겠죠.

비슷한 이야기가 한 가지 더 있습니다.

제가 진행했던 모 기업의 면접관 양성 교육장에서 그 교육에

참여했던 팀장급 면접관들 사이에서 열띤 논쟁이 있었습니다. 암기해서 말하는 지원자의 멘트(답변)는 그 나름대로의 노력이니 인정해줘야 한다. 라는 의견과, 그건 우연의 일치일 뿐 노력이 아니다. 라는 논쟁이 바로 그것입니다.

찬성파는 그래도 면접장에서 보여줄 뭔가를 준비했다는 게 기특하지 않느냐? 이와 같은 준비를 했다면 그 자체의 노력을 면접장에서 인정받는 것이 맞다. 지원자의 입장에서 생각해봐라, 가뜩이나 긴장된 상황에서 그렇게 물 흐르는 것처럼 자연스러움이 나오겠는가? 오히려 그런 모습이야말로 연기 아닌가? 따라서, 조금 답답해 보이고 억지스럽더라도 뭔가 준비한 그 내용을 말하는 지원자라면 그 자체의 준비 과정과 노력을 인정해줘야 하기에 오히려 가산점을 줘야 한다는 것이 찬성파의 대표적인 의견이었습니다.

한편, 반대파는 면접이 무슨 멘트 경연대회냐? 예상질문 몇 개 뽑아 줄줄 외우고, 운 좋게 그게 나와 억지로 답변하는 모습이야말로 우리 면접관을 기만하는 행동이 아닌가? 사람은 자고로 진정성이 있어야 하는 거 아닌가? 물론 지원자들이 면접에 대한 부담으로 긴장하는 것은 맞지만, 우리가 이 나이 먹도록 암기해서 억지로 답변하는 지원자와 진실되게 자신의 생각과 의견을 말하는 지원자를 구분하지 못한다면 짬밥 헛 먹은 거 아닌가? 따라서, 만일 암기한 뭔가를 억지스럽게 말하는 지원자의 모습이 보이면 무조건 감점해야 한다는 것이 반대파의 대표적인 의견이었습니다.

여러분들 생각은 어떠신가요? 그 당시에는 찬성파의 의견이 더 우세함을 보였습니다. 그래도 나름대로 준비된 지원자는 인정을 받아야 한다는 것이 이때의 결론이었기 때문입니다.

최근에는 어떨까요?

지금의 면접관들은 면접장에서 만나게 되는 '로봇'들은 의미가 없다고 하나같이 입을 모아 말합니다. AI가 알려주는 기계적인 답변, 그리고 조금만 검색하면 나오는 얄팍한 답변 샘플을 모아 최소한의 노력과 시간으로 가공된 그런 가벼운 답변은 의미가 없다고 말합니다. 더군다나 제대로 외우지도 못하고 버벅대는 모습으로 표현된다면, 그때는 오히려 지원자에 대한 반감까지 느끼게 된다고 합니다.

암기하지 않은 1분 자기소개를 시키는 면접 사례가 부쩍 많아진 것도 이와 같은 흐름이 반영된 결과일 것입니다. (실제로, K 물류의 경우, "지원자 잘 오셨습니다. 본격적인 면접에 앞서 간단하게 자기소개를 들어보도록 하겠는데요. 한 가지 부탁 말씀이 있습니다. 절대로 외운 거 하지 말고 그냥 면접관에게 자신을 알린다는 생각으로 살아온 과정 중심으로 자연스럽게 자신을 소개해 보시기 바랍니다. 다시 한

번 말씀드리는데, 외운 거 하면 안 됩니다. 아셨죠? 그럼, 간단하게 자기소개 부탁드립니다"라는 멘트로 면접이 시작됩니다.)

여러분들이 착각할까 봐 지금까지의 내용을 종합하여 정리하도록 하겠습니다.

면접을 준비하지 말자는 것이 아닙니다. 당연히 준비해야 합니다. 기출문제도 수집해서 다시 보고, 스스로 예상문제도 만들어 열심히 준비하는 것은 당연합니다.

하지만, 이제는 면접 연습의 콘셉트를 '질문에 대한 일차원적 답변'이라는 시각에서 벗어나 '설득과 호소'라는 콘셉트로 바꾸는 노력을 해야 할 것 같습니다.

이에 관한 구체적인 대응법은 다음 장에서 집중적으로 설명하도록 하겠습니다.

02
기업의 면접 변화와 최근 면접 트렌드

　면접은 최근의 채용 프로세스에서 가장 많은 변화가 보이는 부분입니다. 실무 적응력이 뛰어난 인재를 채용하겠다는 기업의 채용 방침에 따라 직접적인 직무의 경험을 묻는 질문들이 대폭 강화되었으며, 직무 중심의 시각을 확장하여 해당 업계와 시장에 대한 이해력 또한 주된 평가사항이 되었습니다. 즉, '어디 그동안 잘 준비하셨는지 봅시다'의 관점에서 '자. 이 일을 잘 할 수 있는지 봅시다'의 관점으로 전환되었음을 알아야 합니다.

　인성/역량 면접도 이와 같지만 다른 유형의 면접 또한 변화가 만만치 않습니다. P/T 면접은 주제와 방식 자체가 '자신이 알고 있는 지식과 정보의 직무 적용성'을 중심으로 디테일하게 강화되기 시작했으며, 집단토론 면접 또한 일반적 사회적 이슈에 대한 찬반 논쟁 형식을 벗어나, 직무 관련 주제에 대한 '보완점과 개선점 도출, 그리고 해결책을 협의'하는 개념으로 바뀌기 시작했습니다. 또한, 지원자의 상황 판단력과 실무 이해력을 집중적으로 파악하기 위해 '세일즈 면접'과 '시뮬레이션 면접' 등이 새롭게 개발되고 있는 실정입니다. 이와 같은 외형적인 변화의 거대한 흐름은 공통적으로 '직무'라는 방향에 맞춰져 있습니다.

또한 MZ세대 특성이 기업에서 이슈가 되며 이를 반영한 '인성'이라는 부분에도 변화를 주기 시작합니다. 즉, 기존의 인성 면접 평가 기준이 주로 '해당 기업의 인재상'에 얼마나 부합되는지 여부와 '조직에 무난하게 적응할 수 있는지' 여부를 확인하는 기본인성에 집중했다면, 최근에는 지원자의 '심리적 안정성'과 '대인관계적 수용성'에 초점을 맞춘 심층인성을 파악하는데 보다 집중하고 있는 상황인 것입니다.

이에 더하여, 언제나 채용공고를 볼 수 있고 바로 지원할 수 있는 수시 채용 시대의 특성에 부합하여 '진짜 우리 기업에 오고 싶은 것이 맞냐?' 또는 '진짜 우리 기업에 대한 관심이 있는가?'를 확인하는 부분도 채용 면접에서 강조되고 있습니다. 이는 신입 채용에서도 중요한 요소지만, 경력신입(중고신입/올드루키)의 무분별한 기업 지원 남발을 경계하기 위한 대응법으로 활용되기도 합니다. 즉, 나름대로 실무 경험은 있지만 정작 우리 기업에 대해 잘 모르고 있다면, 좋은 평가를 주지 않는 방침이 그것입니다. 이런 사람들은 꼭 우리 기업이 아니더라도 어디에나 지원할 수 있기 때문임을 잘 알고 있기 때문입니다.

이와 같은 면접 트렌드에 따라 면접의 방식과 질문 또한 많은 변화를 나타내고 있습니다. 그 중 가장 눈에 띄는 변화는 지원자 소수평가 방식과 가정형의 질문이 확산되고 있다는 것입니다.

지원자 소수평가 방식은 하나의 단일 면접 상황에서 기존에는 5~7명의 지원자가 동시에 면접을 진행했던 것에 비하여, 최근에는 지원자의 수가 2~3명으로 줄어들어 보다 심층적인 면접 평가를 강화하는 것을 의미합니다.

그리고 가정형 질문은 지원자에게 '만일, ○○○○과 같은 상황에 처한다면 어떻게 대처하겠습니까?'라는 질문 방식으로 지원자의 반응을 평가하는 질문 방식을 말합니다. 이와 같은 질문 방식은 자신에 대한 성찰과 업무 상황에 대한 깊은 고민이 없다면 답변 자체가 불가능한 경우가 많기 때문에 보다 근본적인 준비가 필요할 것입니다. 즉, 기존의 지원자들이 '정보'를 중심으로 면접에 대한 준비를 했다면, 이제는 '이해'라는 속성에 초점을 맞춰 보다 꼼꼼한 준비를 해야 한다는 것을 의미합니다.

다양한 면접 현장에서 목격되는 각종 면접 상황의 변화를 보다 세부적으로 살펴보면 다음과 같이 정리할 수 있을 것 같습니다.

1) 실질적인 직무 관련 경험의 검증

최근의 면접 사례를 분석해 보면 가장 큰 특징으로 '직무와 직/간접적인 경험이 있는지?'를 확인하는 트렌드를 우선으로 꼽을 수 있습니다.

즉, 기존에는 이런 이런 전공과목을 배웠고, 어떤 어떤 교육을 받았기에 자신이 해당 직무에 적합한 사람이라는 사실과 내용에 따라 평가받는 경우가 많았습니다. 하지만 최근에는 '직접 그 일을 해본 경험이 있는가?'라는 직접성에 보다 더 초점이 맞춰져 있는 것입니다. 이는 지금도 이슈가 되고 있는 '신입의 경력화' 현상을 입증하는 것이기도 합니다.

따라서, 지원자는 우선적으로 자신의 경험을 재구성하여 직접적인 직무 연관성을 찾아 면접과 적극적으로 연결시키는 시나리오를 구축할 필요가 있습니다. 무엇보다 직접적인 경험을 할 수 있는 기회를 발굴하여 도전하는 보다 더 적극적인 노력이 필요하다는 의미입니다. 또한, 직무에 대한 공부 역시 게을리하지 말아야 할 것입니다. 지금까지의 내용을 반영한 아래 실제 질문 사례를 보시기 바랍니다.

질문 사례

Q u e s t i o n

면접관 A 이한철 씨는 생산관리 직무에 지원하셨죠? 자. 지금부터 이한철 씨 시간입니다. 생산관리에 대해서 아는 대로 다 말씀해 보세요. 가능하면 직무와 관련된 내용적인 부분을, 그리고 추상적 이야기보다는 디테일한 내용을 말씀해 주시기 바랍니다. 아셨죠? 그럼 답변 부탁드립니다.

＊직무의 내용을 제대로 모르는 상황이라면 계속 '더 자세하게 말해보라'는 요청을 받을 수 있는 위험성 많은 질문입니다.

지원자 답변

면접관 A 잘 말씀해 주셨는데요. 그럼 방금 답변하신 생산관리의 여러 업무 중에서 이한철 씨가 가장 잘할 수 있다고 생각하는 업무는 뭔가요? 가능하면 경험을 중심으로 답변 부탁드립니다.

＊관련성 있는 마땅한 경험 자체가 없다면 정말 답변하기 어려운 질문입니다.

2) 직무와 업계에 대한 심층적 이해도 확인

최근 면접은 '얼마나 잘 알고 있는가?'를 1단계로 평가하고, 이후, '얼마나 이해하고 있는가?'를 2단계로 설정해서 확인하는 경향이 많습니다. 물론, 지원자가 1단계에서 미흡함을 보인다면 2단계 질문으로 이어지지 못하고 탈락의 확률이 높아지는 것은 당연합니다.

이는 채용 축소로 인해 소수 정예 채용 방식이 자리 잡혔고, 경력신입(중고신입) 채용이 새삼스럽지 않게 되어버린 대한민국 채용 환경에서 자연스레 나타난 모습일 것입니다. 따라서 면접에 임하는 지원자라면 본인이 지원하는 직무는 물론, 업계와 관련된 이슈까지도 파악하여 철저하게 대비해야 할 것입니다. 면접을 앞둔 지원자들은 특히, 자신이 지원하는 업종에서 어떤 사건이 있었는지, 또는 어떤 트렌드가 새롭게 등장했고, 어떤 신제품이 개발되었는지 계속적으로 눈여겨 볼 필요가 있습니다. 이와 같은 내용이 반영된 아래의 질문을 보시기 바랍니다.

면접관 A, 면접관 B 최근 플래그숍(Flag Shop)을 전략적으로 활용하는 기업이 많은데, 만일 우리 기업이 플래그숍을 운영한다면 어떤 전략을 활용할 수 있을까요? (H식품)

＊만일, 플래그숍을 모르는 상황이라면 답변 자체가 불가능하게 되는 질 문입니다.

면접관 C 최근 타 경쟁사들의 제품들을 보면 메탈바디를 적용한 제품들과 플라스틱 바디를 적용한 제품들이 골고루 출시되고 있는데, 지원자는 앞으로 어떤 바디가 더 대세가 될 거라고 생각하세요? (L 전자)

＊이 또한, 바디에 대한 정보가 없다면 답변 자체를 할 수 없는 질문입 니다.

3) 기업 집중성과 애착성 확인

지원하는 기업에 대해 '잘 알고 있는가?'와 '이해도가 높은가?'를 확인하는 모습이 많아지고 있습니다. 특히, 고스펙 지원자의 경우에는 사실 우리 기업 말고 더 좋은 기업으로 빠져나갈 수 있다는 걱정과 우려가 반영되고 있으며, 경력신입(올드루키)의 경우에도 이미 기존 회사를 배신했다는 이미지가 있는 만큼 이 부분을 한 번 더 확인하는 경향이 뚜렷하게 강화되고 있습니다. 이와 같은 내용이 반영된 질문은 아래와 같습니다.

면접관 D 우리 기업의 제품 중 어떤 것에 가장 관심이 많나요?

지원자 답변

면접관 D 사실, 그 제품이 고객들이 보기와는 달리 원자재 가격 상승으로 인해 내부적으로는 마진률이 그렇게 좋지는 않습니다. 어떤 원자재 부분이 가장 영향을 많이 미칠까요?

＊해당 제품의 특성을 제대로 모른다면 답변 자체가 불가능하게 되는 질문입니다.

면접관 E 사실 중국시장 침체로 우리가 차선책으로 정한 곳이 남미 지역입니다. 혹시, 우리 제품의 현지화 전략에 대해 아는 것이 있으면 말씀해 주시기 바랍니다.

＊이 역시 해당 기업의 제품과 그 정보가 없다면 답변이 무척 어려운 질문입니다.

4) 토론 면접의 진화, 협상 면접

기존의 찬반논쟁식 토론 면접이 토의 면접 방식으로 빠르게 전환되고 있습니다. 즉, 기존에는 '찬성과 반대를 나누어 싸우고 적절한 절충안을 도출해 봐라'의 형식이었다면, 최근에는 단순한 찬반 형식을 벗어나 보완점과 개선점 또는 대안과 해결책을 제시하는 방식이 많이 적용되고 있습니다. 이런 방식에서 출제됐던 토의 면접 주제는 아래와 같습니다.

또한, 협상 면접이라고 불리는 방식도 업데이트되고 있습니다. 단순하게 찬성과 반대의 의견이 아닌 두 그룹 사이의 절충안을 이끌어내고 각각 그 절충된 내용에 따라 이미 배정되어 있는 서로 다른 두 점수를 두 그룹이 획득하게 되는 형식의 면접이 이에 해당합니다.

즉, 직무와 연관된 주제나 상황을 주고, 서로 다른 두 그룹의 입장을 토론 과정을 거쳐 최종적인 절충안을 결정하게 하고, 그 협상 결과에 따라 이미 그 결과에 배정된 점수를 나누어 가져가는 형식의 면접을 말합니다. 다소 복잡하게 보이는 이 방식은 두 그룹의 공통된 협상의 결과임에도 불구하고 어떤 그룹은 높은 점수를, 또 다른 그룹은 낮은 점수를 가져간다는 점에서 단순한 토론 이상의 전략과 근거를 바탕으로 한 설득의 과정이 필요하게 됩니다.

만일, 학교에서 진행하는 토론 모의면접조차 경험하지 못한 지원자가 이러한 방식의 면접을 받는다면, 그 결과는 참담하기 이를 데 없을 것입니다. 협상 면접의 구체적인 면접 사례는 아래의 내용을 참조하시기 바랍니다.

실제 기출 문제(실제 구성)

영국의 유명 레스토랑 체인인 「트론드」는 각 나라별로 단 1개의 점포만을 운영하는 까다로운 자부심으로 유명한 글로벌 유명 레스토랑 체인이다. 이번에 아시아 최초로 대한민국에 체인점을 새롭게 론칭하려 하는 상황이다. 하지만, 다년간의 시장조사 결과 한국 외식업 시장의 특수성과 문화의 차이로 인하여 독자적인 론칭이 힘들겠다는 판단을 하게 된 「트론드」는 국내 최대의 식품 생산/유통업체인 「K푸드시스템」을 통하여 매장을 대행하여 운영하려 한다. 지금부터 「트론드」와 「K푸드시스템」을 대표하는 실무자로서 각자에게 최대한 유리한 상황이 될 수 있도록 협상을 진행하시오.

* **유의사항 1 : 평가 기준 중 300점은 단 1번만 인정합니다.**

* **유의사항 2: 매장 운영기준 및 소요예산 등 세부 내용은 추가로 제시된 자료만을 인용하기 바랍 니다.**

「트론드」를 대표하는 실무진 역할의 지원자에게 주어지는 점수표

비고	500점	400점	300점	200점	100점
로열티(상표사용권)	연/30억	연/20억	연/10억	연/5억	연/1억
독점기간	2년	3년	5년	8년	10년
마진룰 쉐어	50%	40%	30%	20%	10%

예를 들어, 「트론드」는 「K푸드시스템」을 대상으로 로열티를 많이 받으면 받을수록 유리하기 때문에, 협상을 통해 연/30억의 로열티를 받도록 계약하면 '500점'이라는 높은 점수를 확보하게 됩니다. 하지만, 「K푸드시스템」은 100점이라는 낮은 점수를 받게 됩니다. 나머지 조건들도 이와 같습니다.

**「K푸드시스템」을 대표하는
실무진 역할의 지원자에게 주어지는 점수표**

비고	500점	400점	300점	200점	100점
로열티(상표사용권)	연/1억	연/5억	연/10억	연/20억	연/30억
독점기간	10년	8년	5년	3년	2년
마진룰 쉐어	10%	20%	30%	40%	50%

예를 들어, 「K푸드시스템」은 「트론드」를 대상으로 로열티를 적게 내면 낼수록 유리하기 때문에, 협상을 통해 연/1억의 로열티를 내게 계약하면 '500점'이라는 높은 점수를 확보하게 됩니다. 「트론드」는 100점이라는 낮은 점수를 받게 됩니다. 나머지 조건들도 이와 같습니다.

물론, 이와 같은 면접 프로세스가 갑자기 도입됐다가 소리 없이 사라지기도 하고, 또한 일부 변경되어 도입되는 과정을 갖기도 합니다. 위에서 공개한 자료는 실제 W은행에서 최근에 새로 등장한 토론(협상/팀워크) 면접 형태입니다. 이와 같은 내용을 알아야 하는 이유는 토론 면접의 평가기준이 지금 변하고 있기 때문입니다.

즉, 기존의 토론 면접 방식이 상대방의 의견을 적절하게 수용하며 단순하게 말 주고받기의 방식이었다면, 이제는 적극적이고 능동적인 '제안'의 과정을 통하여 그 내용을 실질적으로 '협의'하는 모습으로 변화하고 있습니다. 또한 토론 주제도 기존의 단순 시사이슈를 떠나 업무 현장의 직접적인 모습을 반영한 내용을 적용하고 있음을 알아야 한다는 것입니다.

*토론 면접의 보다 다양한 사례와 접근법은 2권에서 다루도록 하겠습니다.

5) P/T 면접의 전문화

P/T 면접의 주제 또한 직접적인 실무 적용성이라는 기준으로 점점 더 현장 적용이 가능한 지식의 수준을 확인하는 것으로 발전하고 있습니다. 이미 기업의 실무를 경험한 인턴이나 중고신입(올드루키)들 덕분에 P/T 면접의 수준은 앞으로 계속적으로 더 높아질 전망입니다.

특히, 이공계 P/T 면접에서 'DRAM 시스템의 용량 증가와 I/O(Input/Output)의 속도 증가에 대한 방안을 공정 미세화 관점에 맞춰 설명하시오'와 같이 일정 수준의 전공지식과 직무지식이 배경이 되어 있지 않다면 아예 손도 대지 못하는 불상사도 생겨나고 있는 것이 냉혹한 현실입니다.

여러분들의 직무와 전공이 모두 다르겠지만, 이 정도 수준에서 문제가 나오는구나 정도의 인식을 갖기 위해 다음의 사례들을 참조하시기 바랍니다.

〈P/T 면접 문제 사례 1〉

최근 MZ세대 사원들의 조직 부적응 및 초기 이탈률이 증가하고 있습니다. (참고자료1. 최근 3년간 계열사 조기 퇴사자 현황) 이에 인사팀 담당자로서 MZ세대의 조직 이탈률을 낮출 수 있는 현실적인 방안들을 제시하고, 우리 기업에 최적화된 방안을 한 가지 도출하시기 바랍니다. (참고자료2. 조기 퇴사자들의 퇴사 사유 상담기록)

〈P/T 면접 문제 사례 2〉

오디오 개발팀에서 NSS라는 새로운 오디오 시스템을 개발 중입니다. 신호 대 잡음비(SNR)를 개선하기 위해 어떤 프로세스로 접근해야 하는지 기술적 내용을 중심으로 발표하시기 바

랍니다. (S전자)

〈P/T 면접 문제 사례 3〉

중동 A지역의 B공사 현장에서 현재 파이프를 설치해야 하는 상황이다. 파이프의 종류는 3가지이며, 각각의 특성은 세부적인 내용과 같이 서로 다르다. 파이프는 길이 등 특정 조건대로 설치해야 하며, 인력 상황도 세부적인 내용과 같이 좋은 편이 아니다.

Q1. 프로젝트 매니저로서 공기를 준수할 방법과 시간 계획을 짜야 한다면?

Q2. 프로젝트 매니저로서 고려해야 할 요소들과 관계 및 향후 발전 방향은? (K건설)

(자재의 특성이나 인력의 구성 현황 등 별도의 세부적이고 디테일한 데이터가 들어 있는 자료를 추가로 지원자에게 제공합니다.)

〈P/T 면접 문제 사례 4〉

정전기(ESD)로 인해 스마트폰 작동이 정지하고 화면이 멈춰버렸다. 이때 이러한 현상이 발생한 원인과, 이 문제를 해결하기 위한 하드웨어 또는 설계적 방안을 제시하라. (S전자)

〈P/T 면접 문제 사례 5〉

최근 'DDI(Display Driver IC)'는 Touch IC 일체형으로도 발전하고 있다. 이를 이용한 LCD 디스플레이 패널의 화질 증가에 대한 방안을 제시하라. (L디스플레이)

이와 같은 현상은 굳이 이공계 면접에만 한정된 것이 아닙니다.

〈P/T 면접 문제 사례 6〉

주어진 조건과 같이 S매장의 매출 부진 상황에 대하여, 그 해결 방안을 1)고객 유치, 2)상품 차별화, 3)매장 홍보, 4)가격 정책의 4가지 관점에서 각각의 아이디어를 중심으로 발표하라. (C유통)

(해당 매장의 연/월별 매출 변화와 방문고객 수, 주요제품 재고현황 등 별도의 세부적이고 디테일한 데이터가 들어 있는 자료를 추가로 지원자에게 재공합니다.)

이와 같은 사례에서 보듯이 P/T 면접 자체가 단순하게 해당 지식을 '얼마나 잘 알고 있는가?'의 영역에서 점차 '직무에 대한 깊은 이해도를 바탕으로 실제로 그 지식을 활용할 수 있는가?'의 영역으로 진화되고 있음을 알아야 할 것 같습니다.

면접에 있어서 정답은 없겠지만, 이와 같이 점차 발전하고 있는 P/T 면접 상황에 대비하기 위하여, 자신의 전공을 중심으로 기업의 제품 및 연구개발 방향을 확실하게 이해하고 이에 대한 서로의 교집합을 찾아 면접을 준비하여야 할 것입니다.

*P/T면접 주제는 절대 '아무거나' 나오지 않습니다. 자신의 전공 또는 직무와 '관련성 많은' 주제가 나오기 때문입니다. 따라서, 미리 겁먹기보다는 '최대한 공부해 보겠다'는 의지가 필요합니다.

6) 행동식 면접의 부활

최근 새롭게 목격되고 있는 면접의 특징 중 하나는 '행동'을 통한 자기어필입니다.

〈질문 사례 1〉

'상대 측 바이어가 갑자기 계약 현장에서 그동안 협의하여 개선점을 반영한 최종 제품에 대해, 괜한 트집을 잡으며 계약을 부정하고 있는 상황이다. 어떻게 하겠는가? 면접관이 바이어라고 생각하고 한번 설득해 보라. (D인터내셔널)'

〈질문 사례 2〉

최근 학생들의 민원 발생률이 높아지고 있다. 예를 들어, 이미 수강인원을 충족한 교양과목에 대해 정원을 늘려달라는 무리한 요구를 하고 있는 학생이 있다. 면접관이 그 학생이라고 생각하고 증원은 불가능하다는 학교 방침을 설명해 보라. (J대학교)'

이와 같이 특정한 직무 상황에 대한 대응법을 면접 현장에서 재현해 보라는 면접관도 많았습니다. 또한, 실제 자사의 상품을 고객 역할을 하는 특정 대상자 'A'에게 직접적으로 세일즈 하는 과정을 모니터링 하거나(N은행, W은행), 연구개발 콘셉트에 대하여 실무자와 토론을 하는 기업도 새롭게 목격되거나 점차 늘어나는 상황입니다.

이는 그럴듯한 답변보다는 '실제로 할 수 있는가?'를 행동으로 보고자 하는 면접관의 요구사항이 반영된 결과입니다. 따라서 취준생들은 이 문이 열리는 순간부터, '나는 이미 그 직무의 실무자다'라는 인식으로 무장하고 면접장에 입장해야 할 것입니다.

*행동식 면접과 이색 면접의 접근법에 대해서는 2권에서 본격적으로 다루도록 하겠습니다.

7) NCS 기반 면접의 일상화

아주 오래 전, 그러니까 2015년 상반기 채용시장부터 본격적으로 도입된 NCS 기반의 면접을 한마디로 말한다면 '규격화된 면접'이라고 정의할 수 있을 것 같습니다. NCS 체계를 이루는 두 가지 핵심인 '직무수행능력'과 '직업기초능력'으로 구분되는 평가 영역에서 직무수행능력은 이미 국가직무능력 공식 홈페이지(www.ncs.go.kr)에 규정된 수준별 세부 평가기준이 그대로 적용되기 때문이고, 직업기초능력 또한 소위 말하는 'STAR' 질문기법(책 중간에 나옵니다)을 기초로 하는 질문들로 구성되어 매뉴얼식의 '뻔한' 패턴을 보일 수밖에 없습니다.

즉, NCS 기반 면접은 오랜 시간 동안 진행되며 이미 충분하게 질문 데이터가 쌓인 상태입니다. 따라서 조금만 검색해봐도 공통적으로 반복해서 출제되는 질문 유형을 파악할 수 있기에, NCS 홈페이지와 기출문제 중심으로 준비하는 것만으로도 적절한 대응이 가능하다고 말씀드리고 싶습니다.

이제 남의 얘기가 아닌, 이 책을 읽고 있는 여러분들이 바로 배워서 즉시 써먹을 수 있는 방법을 이야기하겠습니다.

그 전에 먼저 분명하게 한 가지 정의하고 넘어가야 할 것이 있습니다.

'기업의 채용은 전적으로 기업의 자율적 권한에
따른다'는 것이 바로 그것입니다.

작년에 고객사 담당자와 싸우고 회사를 그만둔 삼진대학교 출신 MZ 신입사원 이명우의 꼬라지가 트라우마로 남아 앞으로는 절대로 삼진대학교 출신을 채용하지 않겠다는 것도 기업의 권한이고, 사장님의 지시로 멀쩡한 최종 합격자 조은주를 탈락시키고 거래처 박사장님의 둘째 딸 한나영을 특별 채용하는 것도 기업의 권한입니다.

또한 올해 2월에 관리팀 이해미 대리가 돈을 들고 튀었기에 같은 이름을 가진 신입 지원자 이해미를 이를 갈며 뽑지 않는 것 또한 기업의 권한이고, 김진우 상무님의 명예퇴직 조건으로 그분의 막내 아들인 김정현에게 채용 가산점을 주어 합격시키는 것도 기업의 권한입니다. 그뿐입니까, 경력직 면접과 신입 채용 면접 두 가지 트랙을 동시에 돌려 쓸만한 경력직이 있다면 채용하고 나머지 신입 지원자 모두를 자동탈락시키는 것도 기업의 권한이라는 말입니다.

　지금까지 말씀드린 사례들은 놀랍게도 제가 그동안 겪었던 실화를 바탕으로 합니다. 즉, 분명히 존재했거나 진행 중인 이야기라는 겁니다. 만일, 지원자가 그 진실을 알 수 있다면 이를 빠드득 갈며 억울해할 사연들이지만, 안타깝게도 기업의 속사정은 우리가 절대 절대로 알 수 없습니다.

　따라서, 최종 면접까지 가서 정말 자신이 생각해도 기특할 정도로 잘했음에도 불구하고 면접관의 표정이 좋지 않았던 이유와 면접관 모두 입을 모아 꼭 조은주 씨와 함께 일하고 싶다고 말했음에도 홀라당 떨어진 이유, 그리고 왜 자신의 이름인 이해미를 얘기하는 순간 면접관이 수군대기 시작했는지 그 이유, 또한 왜 면접장에서는 그렇게 버벅대던 김정현이라는 사람이 신입사원 교육장에 당당하게 나타났는지에 대한 이유, 함께 면접 봤던 지원자들 그 누구에게 연락하고 물어봐도 절대로 합격자를 찾을 수 없었던 이유를 우리는 절대 알 수 없습니다.

　아! 그렇다고, 대한민국 기업의 채용이 전부 이와 같다는 것은 절대 아닙니다! 공정하게 채용을 진행하는 기업이 대부분입니다. 모든 기업이 저마다의 은밀한 비밀을 가진 드럽고 치사한 이유로 면접에서 사람을 탈락시키는 것은 아니라는 말입니다. 다만, 눈에 보이지 않는 부분도 있을 수 있다는 것을 알려드리고 싶었습니다. 따라서, 면접 탈락에 대한 핑계거리가 필요하다면 이를 활용하기 바랍니다. 괜한 자기 비하나 상실감에 주눅들면 안 됩니다!

결국, 제가 하고 싶은 말은 이것입니다.

기업의 채용이 이와 같이 기업 맘대로 이루어지는 것이라면, 우리가 모르는 어둠 저 너머의 사실 또한 때로는 존재할 수 있다는 것입니다. 따라서, 아무리 생각에 생각을 더해도 도저히 자신이 탈락한 이유를 모르겠다면 맘 편하게 '그래, 뭐 그런 일이 있었을지도 몰라. 그러니까 다음에는 잘 될 거야. 빨리 다른 곳에 지원해야지!'라고 생각하자는 것입니다.

기대했던 최종 면접에서 연달아 세 번을 떨어지고 상실감과 자괴감으로 심리치료까지 받는 지원자를 알고 있습니다. 기대가 컸던 만큼 실망 또한 컸을 것입니다. 그리고 그 책임을 오롯하게 자신에게 돌려 계속 계속 자책했겠지요, '왜? 나는 그때 그런 말을 했을까?', '왜? 나는 그때 그 경험을 얘기하지 않았을까?', '왜? 나는 그때 바보처럼 버벅댔을까?', '왜? 나는 왜? 도대체 왜?'

대부분의 지원자들이 그렇습니다. 합격한 사람은 자기가 도대체 왜 합격했는지 모르겠다고 웃으며 말하고, 떨어진 사람은 모든 책임이 자신의 그때 그 순간의 잘못에 있었다고 자책합니다.

맞습니다. 그냥 빨리 과거를 잊고 다음에 찾아올 기회를 준비해야 합니다.

그냥 누구나 할 수 있는 좋은 말로 들리시나요? 하지만 잘 기억하시기 바랍니다.

미래에 여러분들이 그 누군가의 아빠 또는 엄마가 되었을 때, 그리고 그 아이가 뭔가에 막혀 좌절하거나 자기 자신에게 실망했을 때, 그때 여러분들 입으로 그 아이에게 해줄 수 있는 말이 바로 이 말이라는 것을 말입니다.

하지만!

이와 같은 예외성을 제외하고 면접을 바라본다면, 정말 신기할 정도로 빤하게 진행되고 평가되는 면접이 눈에 보이게 됩니다.

그러면, 지금부터 본격적으로 이야기를 시작해 보도록 하겠습니다.

Part 2

인성 / 역량 면접
프로세스 분석

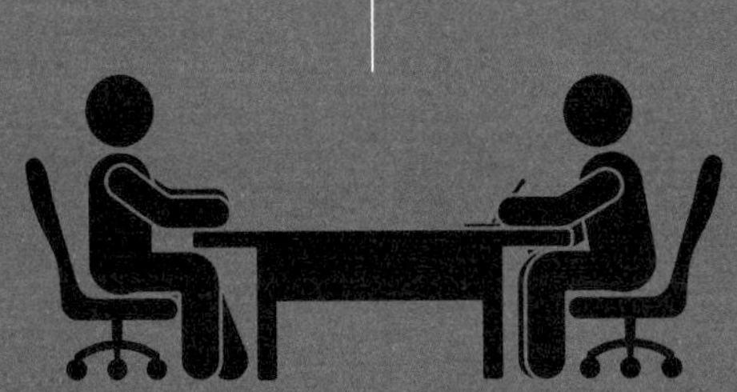

먼저 일반적인 면접부터 이야기하도록 하겠습니다. 여기에서 일반적이라는 뜻은 특별한 변형이 없는 면접이라는 뜻입니다. 어디에서나 볼 수 있는 흔한 면접이지만, 대한민국에서 진행되는 크고 작은 면접의 약 90% 이상이 여기에 해당된다고 감히 말씀드리고 싶습니다. 모든 것은 기본에 충실하라고 어렸을 때부터 귀에 못이 박히게 들었을 테니, 이와 같은 기본형 면접이 얼마나 중요한지 추가로 설명드리지 않겠습니다.

일반형 면접의 핵심적인 특징은 다음과 같습니다.

1. 보통, 약 30분 정도 짧은 시간 동안 진행되는 면접입니다.

2. 보통, 면접관의 일방적인 질문과 지원자의 답변으로 진행됩니다.

3. 보통, 지원자 혼자가 아닌 여러 명의 지원자가 면접을 함께 합니다.

4. 보통, 지원자가 제출한 입사지원서를 기반으로 질문이 제시됩니다.

5. 보통, 인성과 역량, 그리고 직무라는 수식어가 붙기도 합니다. (예시: 직무역량 면접 등)

어떻습니까? 어디선가 한번쯤 들어봤거나 경험했던 면접이 아닌가요? 면접을 잘 보기 위해서는 면접을 잘 알아야 합니다. 그래서, 지금부터 여러분과 함께 면접장에 들어가 보겠습니다. 거기에서 진행되는 면접 상황과 진행 순서를 그대로 관찰해 보며, 집요한 면접의 해부를 집도해 보도록 하겠습니다.

01
면접의 실제 진행 상황 재현

면접을 알기 위해서 실제 기업의 면접장에서 면접이 어떻게 이루어지는지 알아볼 필요가 있습니다. 아래의 시나리오는 누군가의 실제 경험을 재구성한 것입니다. 정말 면접관의 숨소리 하나 빠짐없이 그대로 재현했으니, 당시 지원자의 입장이 되어 전체적인 면접의 흐름을 잘 느껴 보시기 바랍니다.

(*자신이 지원한 기업과 직무가 다른 사례일 수 있지만, 그래도 집중해서 읽어 보시기 바랍니다. 면접의 진행 방식과 상황은 차이점보다는 서로 유사한 부분이 더 많기 때문입니다.)

- 기업: 식품 제조 및 유통 중견기업
- 지원직무: 영업관리
- 지원자와 전공: 오상현(경영학 전공자), 정수연(일어일문학 전공자), 한기철(사회복지학 전공자), 남수한(법학 전공자)
- 면접 인원 구성: 면접관 3명, 지원자 4명
- 면접 소요시간: 약 30분 소요

면접관1 다음 조 들어오시기 바랍니다.

면접관2 끝자리부터 차례대로 자리로 위치하시기 바랍니다.

면접관1 잘 오셨습니다. 자리에 앉아 주시기 바랍니다. 편하게 앉으세요.

정수연, 한기철 감사합니다. (오상현, 남수한 두 명은 아무 말 없이 그냥 앉음)

면접관2 이름부터 확인해 볼께요. 오상현 씨. 정수연 씨. 한기철 씨. 마지막으로 남수한 씨. 맞죠?

지원자들 네!

면접관1 잘 오셨습니다. 아침에 출근 시간이라 힘들었을 텐데. 여기까지 오는데 어렵지는 않으셨나요?

지원자들 (미소만 지을 뿐 아무 말 없음)

면접관1 어땠나요? 정수연 씨.

정수연 네. 항상 이 시간에 수업을 들어서 문제 없었습니다. 오는데 어렵지 않았습니다.

면접관2 정수연 씨는 아주 부지런하시네요. (웃음) 평상시에도 그런 말 많이 듣나요?

정수연 네. 미리 미리 준비하는 편입니다.

면접관1 아주 좋은 습관을 가지고 계시네요.

정수연 감사합니다.

면접관2 다른 분들도 면접장까지 오시기에 그리 어렵지 않았을 거라 생각합니다. 수고하셨구요. 대기장에서 알려드린 것처럼, 오늘 면접은 30분 정도 진행되는 면접입니다. 너무 긴장하지 마시고, 자신에 대한 솔직한 얘기를 많이 해주셨으면 좋겠습니다. 다들 아셨죠?

지원자들 네.

면접관2 그럼, 면접을 시작하도록 하겠습니다. 먼저, 간단하게 자기소개 부탁드릴께요. 간단하게 30초 정도만 시간을 드리겠습니다. 시간을 잘 지켜주셔야 면접에 차질이 없게 됩니다. 아셨죠? 그럼, 오상현 씨부터 시작해 주세요.

오상현 안녕하십니까. 뚜렷한 남자 오상현입니다. 저는 경영학을 전공하며, 영업이야말로 기업의 기초임을 뚜렷하게 인식하고 영업인으로서의 꿈을 키워왔습니다. 특히, 학생회 활동과 우주실업에서의 인턴 경험을 통해 자신이 해야 할 일을 찾아서 하는 습관도 키울 수 있었습니다. 또한, (잠시 침묵) 학교의 근로장학생과 호프집 등 다양한 아르바이트 경험으로, 스스로 어디에서도 적용할 수 있는 순발력이 제가 가진 강점입니다. 이와 같은 모든 것을 바탕으로 삼화식품에서 인정받는 사람이 되겠습니다. 이상입니다.

면접관1 **네. 잘 들었습니다. 시간 잘 지켜주셔서 감사합니다. 다음 정수연 씨.**

정수연 안녕하십니까? 언제나 가로등처럼 빛을 내는 정수연입니다. 저하고 가로등은 공통점이 많습니다. 먼저, 밝은 빛을 낸다는 것이 첫 번째고, 항상 제 시간에 켜진다는 것이 두 번째입니다. 저는 그동안 학과 스터디 모임인 제이제이스터디와 자원봉사 동아리인 함께회에서 팀장과 회장으로 활동했습니다. 열심히 활동하며 스스로 돋보일 수 있었고, 항상 제 역할에 충실하여 최선을 다했습니다. 그래서 가로등과 같이 빛날 수 있었고, 스스로 켜지는 것처럼 주어진 역할에 집중했습니다. 이외에도 해외연수를 통해….

면접관1 자! 정수연 씨는 거기까지 듣겠습니다. 시간이 초과됐어요. 나머지 사항은 제가 질문을 통해 확인하도록 하겠습니다.

정수연 (아쉬운 듯이) 네.

면접관2 다음 한기철 씨.

한기철 네. 저는 처음과 끝이 같은 사람입니다. 처음에는 차가워 보이는 인상 덕분에. 죄송합니다. 다시 하겠습니다. 처음에는 무뚝뚝한 것처럼 보이기에 말을 걸기가 무섭다고 말하는 사람도 있지만, 일단 한번 친해지면 끝까지 그 사람을 위해 의리를 지킵니다. 그래서 저한테는 친구들이 많습니다. 최근에는 그 중 3명의 친구들과 함께 팀을 만들어, 스텝커뮤니케이션 주최로 진행된 제15회 나랑너랑 공모전에서 은상을 수상했던 경험도 있습니다. 비록 전공자는 아니지만 최선을 다해서 하루하루 배운다는 마음으로 노력하겠습니다. 감사합니다.

면접관1 네 말씀 잘 들었습니다. (손목시계를 보며) 마지막으로 남수한 씨.

남수한 안녕하세요. 저는 남수한이라고 합니다. (약간 떨리는 목소리로) 저는 서울 상도동에서 태어나 고등학교 졸업 때 까지 서울을 벗어나 본 적이 없었습니다. 하지만 대학교에 입학한 이후에는 우물 안 개구리가 되고 싶지 않아서 노력한 결과, 지금까지 총 12개 국가 배낭여행과 전국 시 단위의 대표 맛집은 다 알 만큼 많은 여행을 통해 스스로를 단련시켜 왔습니다. 저는 취업도 여행이라고 생각합니다. 많은 사람을 만나고 극복해야 할 일들을 통해 자신을 성장시킬 수 있기 때문입니다. 삼화식품에서 좋은 여행을 했다고 스스로 말할 수 있을 때까지, 열심히 일하겠습니다.

면접관1 네. 모두 잘 들었습니다. 어디에서 알려주던가요? 다들 자기소개를 아주 잘하는 것 같습니다. 남수한 씨.

남수한 (약간 놀라며) 네!

면접관1 이제 긴장 안 해요?

남수한 (멋쩍게 웃으며) 네. 안 합니다.

면접관1 아까는 긴장하던데요. (웃음). 뭐. 괜찮습니다. 다들 애쓰셨구요. 짧게 자기소개 한만큼 질문을 많이 드리도록 하겠습니다. 끝까지 최선을 다해 주시기 바랍니다.

지원자들 네!

면접관2 오상현 씨부터 질문 드릴까요?

오상현 네.

면접관2 오상현 씨는 제 군대 동기하고 이름이 똑같아요. 그래서 왠지 친근하게 보여요.

오상현 네. 제 이름이 좀 흔한 것 같습니다. 좋은 인연인 것 같습니다. 열심히 하겠습니다.

 그래요.

오상현 씨는 아까 자기소개에도 아르바이트를 많이 했다고 했는데, 와. 진짜 많이 했어요. 여기 보니까 하나, 둘, 셋, 넷, 다섯, 여섯, 일곱, 여덟, 아홉. 우와~ 아홉 개나 했네요?

오상현 네. 맞습니다.

 이렇게 많은 아르바이트를 했던 이유가 뭡니까? 솔직히 말해봐요.

오상현 고등학교 때부터 매장 같은 데 가면, 아르바이트생들이 부러웠습니다. 대학교에서 공부도 하고 그런 데서 일도 할 수 있는 자유로운 모습이 부러웠던 것 같습니다. 그래서 기회가 되는대로 아르바이트를 많이 했습니다.

 그럼, 돈도 많이 벌었겠네요. 그 돈은 어떻게 했어요?

오상현 네. 일단 엄마한테 아, 죄송합니다. 어머니께서 통장을 만들어주신다고 해서 갖다 드렸고, 용돈을 타서 썼습니다.

 아주 바른 생활 사나이네요. 근데, 자신이 번 돈을 자기가 못 쓰는데 괜찮았어요?

오상현 네. 부모님께서 용돈을 조금 여유 있게 주시는 편이어서 괜찮았습니다.

 그럼, 그 통장에 얼마나 있어요?

오상현 그건 제가 확인을 해보지 않아서 잘 모르겠습니다.

면접관1 아니, 자기 통장인데 얼마가 들어 있는지도 모른다? 이거 이상하지 않아요?

오상현 죄송합니다. 그냥 통장 관리를 어머니께 맡긴 상황이라…. 한 600만 원 이상은 될 것 같습니다.

면접관1 아니, 죄송할 건 없고요. 그래도 많이 모으셨네요. 네. 알았습니다.

면접관2 다음, 정수연 씨.

정수연 네.

면접관2 전공이 일어일문학이네요. 특별하게 본인 전공을 선택한 이유가 있습니까?

정수연 답변 드리겠습니다. 중학교 때부터 일본 음악이 좋았습니다. 그러다 보니 자연스레 일본어에 관심을 갖게 되서 일본어 전공으로 지원했습니다.

면접관2 일본 가수 누구 좋아해요?

정수연 조금 올드하지만, 라르크 하고 미스터 칠드런 하고 글레이라는 밴드를 좋아합니다. 솔로로는 하마사키 아유미를 좋아합니다.

면접관2 뭐. 저는 잘 모르지만, 술술 나오는 걸 보니 정말 좋아하는 것 같네요. (웃음)

근데, 우리 기업은 최근 북미섹터로 진출은 많은데, 일본은 좀 뜸한데 어쩌죠?

정수연 알고 있습니다. 하지만 기업의 상황이 또 어떻게 바뀔지 모르니 기업에 일본어 하는 직원이 있는 것이 좋을 것 같습니다. 그리고 중국어도 앞으로 열심히 공부하겠습니다.

면접관2 네. 잘 알겠습니다.

면접관2 다음은 한기철 씨.

한기철 네.

면접관2 아까 자기소개 들어보니까. 인상이 좀 뭐라고 했더라. 아, 무뚝뚝해 보인다고 했어요. 제가 보기에는 전혀 그렇지 않은데요.

한기철 감사합니다. 제가 좀 진지한 성격이다 보니 그런 것 같습니다.

면접관2 진지하면 좋은 거 아니에요?

한기철 네. 저도 진지한 것이 좋다고 생각합니다만 그걸 부담으로 느끼는 사람도 있는 것 같습니다.

면접관2 그래요? 예를 들어 어떤 사람이 그럴까요?

한기철 예를 들어, 어떤 장소에서건 좀 나서고 싶은 사람들이 있지 않습니까? 그런 사람들은 옆에 과묵한 사람이 있으면 아무래도 좋아하지 않을 것 같습니다.

면접관2 그럼, 한기철 씨는 그렇게 나대는 사람을 싫어하나요?

한기철 그건 아닙니다. 그런 사람도 나름대로 장점이 있으니까 괜찮습니다. 하지만 그 사람이 저 같은 사람을 보고 부담을 느낄 수도 있다는 말씀입니다.

면접관2 네. 잘 알겠습니다. 좋고 싫은 건 사람 나름이겠죠. 뭐, 제가 계속 질문 드릴께요. 다음, 남수한 씨.

남수한 예.

면접관2 남수한 씨는 로스쿨 같은 거 생각해본 적 없어요? 전공이 전공인 만큼.

남수한 네. 법대를 나와서 모두 법조인이 되는 건 아닙니다. 전공에서 논리적으로 생각하는 법과 판단하는 법을 배웠습니다. 오히려 그게 더 도움이 되는 것 같습니다. 로스쿨은 특별하게 생각해본 적이 없습니다.

면접관2 그래도 어려운 공부를 하셨는데, 어때요? 최근 사회에서 보면 부당한 판결이라고 해서 이슈가 되는 것이 많이 있지 않습니까? 법대생으로서 본인 생각은 어때요? 아. 정치적인 얘기를 하라는 건 아닙니다.

남수한 네. 그냥 신문에 나온 단편적인 기사만 보고 판단하는 것은 옳지 않다고 봅니다. 판결을 내리는 판사는 모두 법 전문가들입니다. 그분들의 판단에는 분명히 합리적인 이유가 있을 거라 생각합니다.

면접관2 굉장히 우호적이네요. 법학 전공자들 중에 보수적인 사람들이 많다고 하는데, 어떻게 생각하세요?

남수한　새로운 변화가 부당하다면, 과거의 것을 지키는 것이 보수라고 생각합니다. 보수도 사회에서 꼭 필요하다고 생각합니다.

면접관2　보수도 꼭 필요하다? 그럼, 인정받는 보수가 되려면 어떻게 해야 할까요?

남수한　제가 생각하기에는 끊임없이 소통해야 한다고 생각합니다. 서로의 생각을 모를 때 말도 안 통한다고 생각합니다.

면접관2　네. 답변 잘 들었습니다.

면접관1　지원자들 말씀 잘 들었구요. 이번에는 제가 질문하겠습니다.

한기철 씨부터 여쭤볼께요.

한기철　네.

면접관1　영업관리직이 뭐 하는 일인지 알고 있어요? 설명해 봐요.

한기철　대리점을 관리하는 일이라고 알고 있습니다. 대형마트에 납품하는 제품을 위탁해서 관리하는 지역 대리점을 관리하는 일이라고 알고 있습니다.

면접관2　대리점을 관리한다? 그럼, 우리 회사 대리점에 가본 경험이 있어요?

한기철 제가 사는 곳이 신도림역 부근인데, 사거리 옆에 있는 삼화식품 대리점을 본 적은 있습니다. 하지만 솔직히 가보지는 못했습니다.

면접관2 아. 신도림점 말씀이지요? 관심이 있었으면 가봐야 하는 거 아닌가요? 뭐 하는지도 물어보고.

한기철 면접을 앞두고 사실 어제 지점 앞까지 가봤습니다. 들어가 보려고 했는데, 다들 너무 바빠 보여서 그 앞까지 갔다 돌아왔습니다. 면접 끝나고라도 꼭 방문하도록 하겠습니다.

면접관2 진짜 갔다 왔어요?

한기철 네. 진짜 갔습니다.

면접관2 신도림점 안에는 못 들어 갔으니까. 밖에서 봤던 거. 기억나는 거 있으면 말해봐요.

한기철 대리점 앞에 큰 천막 같은 게 있는 거 기억납니다.

면접관2 아. 임시 적재소 말하는 거군요. 그러니까, 더 아쉽네요. 안에도 들어가 봤으면 좋았을 텐데…. 혹시, 여러분 중에 우리 대리점 방문해보신 분 계신가요? 없나요? (작게 한숨 쉬며) 네. 잘 알겠습니다. 다음, 오상현 씨.

오상현 네.

면접관2 오상현 씨는 영업하고 영업관리하고 뭐가 다른지 아세요?

오상현 영업이 상품을 직접 팔아야 하는 공격수의 입장이라면, 영업관리는 그 세부적인 내용을 관리하는 수비수의 개념으로 알고 있습니다.

면접관2 좀, 추상적인 것 같은데…. 영업관리의 주요 업무 세 가지만 말해봐요.

오상현 첫째, 제품이나 서비스 관리, 둘째, 영업사원 관리, (잠시 머뭇거리며) 셋째, 거래업체와 대리점 관리 업무입니다.

면접관2 잘 알고 있네요. 그럼, 그 중에서 상현 씨가 가장 자신 있게 생각하는 업무는 뭔가요?

오상현 영업사원 관리라면 자신 있습니다.

면접관2 왜요?

오상현 사람을 잘 대한다고 생각합니다. 실제로, 저는 학생회 활동과 우주실업에서의 인턴 경험, 그리고 근로장학생과….

면접관2 아! 네. 그건 아까 자기소개 할 때 들었으니까 됐습니다.

오상현 씨는 혹시 싫어하는 사람이 있어요? 사람 이름을 얘기하라는 게 아니라 싫어하는 스타일의 사람이 있냐구요?

오상현 아! 네. 행동은 하지 않고 말만 하는 사람을 싫어합니다.

면접관1 공감합니다. 생각보다 주위에 많죠. 그런 사람들이. (웃음)

면접관2 그럼, 가정해 봅시다. 만일 오상현 씨가 말만 하고, 행동을 하지 않는 사람하고 같은 팀이 됐다. 할 일은 많은 데, 그 사람은 움직이지 않는다. 자, 어떻게 하시겠습니까?

오상현 네. 저 같으면 역할을 분명하게 정할 것 같습니다. 그래서 상대방이 자기 책임을 명확하게 알 수 있도록 할 것입니다.

면접관2 그런데도 불구하고 그 사람이 전혀 움직이지 않는다? 어떻게 하실 거예요?

오상현 가서 설득을 할 것입니다.

면접관2 어떻게요? 한번 해봐요. 여기 계신 남차장님이 바로 그런 사람이라고 가정하고, 실제 설득하는 것처럼 한번 해보세요. 괜찮습니다. 준비되면 바로 시작하세요.

오상현 (잠시 머뭇거리다) 저기 우리가 함께 평가를 잘 받으려면 계획대로 자료조사를 하셔야 합니다. 안 그러면 우리만이 목표를 달성하지 못하고 회사에서 아웃 될 수 있습니다. 식구들 얼굴을 생각해서라도 꼭 정한 일을 하셔야 합니다. (멋쩍게 웃으며) 이상입니다.

면접관2 그러면, 설득할 수 있을 것 같아요? (웃음)

오상현 네. 꼭 설득할 수 있을 거라 생각합니다.

 네. 잘 알겠습니다.

 한기철 씨는 제가 질문 드릴께요.

 네.

 지금까지의 경험 중에서, 내가 앞으로 영업관리를 하는데 이건 정말 도움이 될 것이다. 라고 말할 수 있는 경험은 뭐예요?

 (잠시 생각하다) 제대하고 복학하기 전에 두 달 동안 핸드폰 판매를 해본 경험이 있습니다. 판매도 했고 매장관리도 해봤습니다.

 아. 그래요? 근데, 왜 그 얘기는 입사지원서에 없어요?

 네. 짧은 기간이고, 사실 막내 삼촌 가게에서 일 도와드린 거라 따로 쓰지는 않았습니다.

 매장이 어디에 있었어요?

 네. 강동구에 있는 강동성심병원 근처에 있었습니다.

 근데, 그게 영업관리하고 무슨 관계예요? 지금 영업하고 헷갈리는 거 아니예요?

 (당황하며) 아, 아닙니다. 영업관리도 고객을 잘 알아야 하기 때문에, 고객을 직접 만나본 경험을 말씀드리는 겁니다.

 하루에 핸드폰 몇 개나 팔았어요? 평균적으로.

한기철 요일별로 조금 차이가 있긴 한데, 하루에 평균적으로 (잠시 뜸을 들이며) 한 7건 이상은 신규계약이 있었습니다.

면접관1 그 정도면 많은 건가요?

한기철 요즘은 인터넷으로 구매하는 분들이 많기에, 사실 매장 구매가 이전처럼 많은 건 아닙니다. 그래도 7건 정도면 양호한 겁니다.

면접관1 그래요. 그런데, 핸드폰 사거나 바꾸는 사람은 그냥 매장으로 들어오는 거잖아요. 솔직하게 본인이 노력해서 계약한 것은 아닌 것 같은데? 어떻게 생각하세요?

한기철 네 맞습니다. 물론 고객님들이 매장에 들어와 계약을 하는 것은 맞습니다. 하지만 상담을 잘못하면 그냥 설명만 듣다가 밖으로 나가는 경우도 많기 때문에 파는 사람이 잘해야 합니다. 이게 저는 노력이라고 생각합니다.

면접관1 네. 말씀 잘 들었습니다. 마지막으로 정수연 씨.

정수연 네.

면접관1 혹시, 선배들 중에 영업관리 하는 사람 있어요?

정수연 (잠시 당황하며) 그 부분은 잘 모르겠습니다.

면접관1 그럼 영업관리에 대해서 잘 모르겠네. 영업관리를 한 단어로 표현하면? 뭐라고 말할 수 있을까요? 정수연 씨?

정수연 (잠시 생각하다) 아마도…. 협조라는 단어가 적합할 것 같습니다.

면접관1 협조요? 왜요?

정수연 답변 드리겠습니다. 영업사원과 점주님이 있어야 영업관리도 존재한다고 생각합니다. 그래서 이들과 협조를 잘 해야 할 것 같습니다.

면접관2 정수연 씨는 어때요? 친구들이 많은 편인가요?

정수연 네. 많다고 생각합니다.

면접관2 (웃으며) 얼마가 많은 거예요? 수연씨 핸드폰에 등록된 친구들은 몇 명이다? 순수한 친구들만 말씀해 보세요.

정수연 (잠시 생각하며) 한…. 40명은 넘을 것 같습니다.

면접관2 40명이면 40명이지, 40명이 넘는다는 것은 무슨 뜻이에요?

정수연 정확한 숫자가 생각나지 않아서 그렇습니다. 죄송합니다.

면접관1 잠깐, 제가 질문하겠습니다.

그러면, 그 중에서 진짜 진짜 가장 친한 친구는 누구예요? 그 친구 이름 얘기해봐요.

정수연 친구의 이름을 말하면 되는 겁니까?

면접관1 네. 그 친구의 이름이요.

정수연 오한나입니다.

면접관1 오한나 친구. 어떤 친구예요?

정수연 네. 고등학교 2학년 때부터 같은 반이 되서 지금까지도 친하게 지내는 친구입니다.

면접관1 인연이 있는 친구네요. 자, 그러면 질문합시다. 친구 이름이 오한나라고 하셨죠?

오한나 친구가 바라본 내 친구 정수연의 장점과 단점에 대해서 말해보세요.

정수연 한나가 저를 평가하는 건가요?

면접관1 맞습니다. 답변해 주세요.

정수연 면접관님. 잠시 생각할 시간을 주시겠습니까?

면접관1 시간이 많이 없는데. 얼마나요?

정수연 1분만 시간을 주시겠습니까?

면접관1 너무 길어요. 10초만 드릴께요. 괜찮죠?

정수연 네. 감사합니다. (이후, 깊게 뭔가를 생각한다)

면접관1 이제 시간 됐으니까 말씀해 보세요. 친구가 바라본 자신의 장단점.

정수연 답변 드리겠습니다. 한나는 저를 보고 적극적인 면이 좋다고 말한 경우가 많았습니다. 둘이 낯선 곳에 가거나 할 때면 제가 항상 사람들에게 물어보고 그러는 경우가 많았기 때문인 것 같습니다. 그래서, 적극성이 장점이라고 생각할 것 같습니다.

면접관1 그럼, 단점은요?

정수연 아마, 말을 좀 직설적으로 하는 것을 싫어 할 것 같습니다.

면접관1 그건 솔직한 건데, 그게 왜 단점이에요?

정수연 답변 드리겠습니다. 물론 솔직해 보인다는 좋은 점도 있지만, 사람에 따라서는 직접적으로 말하는 것이 오히려 불편한 사람이 있을 수 있습니다. 이런 사람들이 있기 때문에 단점이라고 생각합니다.

면접관1 네. 잘 들었습니다.

면접관2 정수연 씨는 혹시, 성격상 스트레스를 잘 받는 편인가요?

정수연 그렇지 않은 것 같습니다.

면접관2 왜요?

정수연 일단 긍정적으로 생각하려고 노력하고, 어떤 일이건 마음에 담아두지 않는 편입니다.

면접관2 그럼, 전혀 스트레스를 안 받아요?

정수연 그건 아닙니다. 저도 일이 뜻대로 되지 않은 경우는 마음이 불편한 경우가 있습니다.

면접관2 솔직히 말해 주시니까 좋네요. 그럼, 그럴 때는 어떻게 풀어요?

정수연 저는 노래하는 것을 좋아해서 그냥 집에서 크게 음악 틀어놓고, 소리내서 노래 부릅니다.

면접관3 (웃으며) 그거 층간소음 문제 되는 거 아니에요?

정수연 아, 그 정도로 시끄럽게 하지는 않습니다. (웃음)

면접관2 네. 정수연 씨. 잘 알겠습니다.

정수연 네.

면접관1 한기철 씨한테 추가적인 질문 드릴께요. 한기철 씨는 원래 집이 경주예요?

한기철 네. 경주에서 태어나 고등학교까지 다녔습니다.

면접관1 그럼, 대학교에 들어오고부터 집하고 떨어져 지낸 거네요. 군대까지 합치면 거의 7년?

한기철 네. 맞습니다.

면접관1 뭐, 이제 혼자 사는 건 문제없겠네요? 입사지원서 보니까 희망 지역에 무관이라고 작성을 했는데, 꼭 수도권이 아니어도 갈 수 있다? 맞아요?

한기철 네. 전혀 문제없습니다.

면접관1 네. 잘 알겠습니다. 그리고 오상현 씨.

오상현 네.

면접관1 입사지원서를 보면, 학교생활을 꽤 열심히 한 것 같아요. 여기 학생회 활동이라는 게 총학생회장을 말하는 거예요? 학과 대표를 말하는 거예요? 내가 잘 모르겠네요.

오상현 죄송합니다. 학과 대표를 말하는 겁니다.

면접관1 그래요? 왜 했어요? 3학년 때면 한참 전공공부다 뭐다 바빴을 텐데…. 혹시 누가 시켜서 한 거 아닌가요?

오상현 그렇지 않습니다. 당시 아무도 하려고 하지 않아 제가 한 건데, 덕분에 교수님과도 친해지고 학우들과도 금방 친해질 수 있었습니다.

면접관2 학과 대표 하면서 가장 어려웠던 일은 뭔가요?

오상현 네. 학기 중에 복학한 선배님들이 계셨습니다. 함께 어울리려고 하지 않아서 그 부분이 조금 힘들었습니다.

면접관2 그래서 어떻게 하셨나요?

오상현 행사가 있을 때마다 선배님들의 이름을 공지사항에 넣어서 관심을 갖도록 했고, 조교님께 부탁드려서 교수님께서 직접 연락도 해주셨습니다.

면접관2 그거 확실한 방법이네요. 교수님이 오라는 데 안 올 수 없으니까. (웃음)

(면접관1을 바라보며) 이제 마무리 해야죠?

면접관1 네. 자! 그럼, 이제 면접을 마무리해야 할 것 같습니다. 마지막으로 공통 질문 한 가지씩 드리겠습니다. 오상현 씨부터 차례대로 답변해주시면 됩니다.

자, 나는 삼화식품의 이런 부분이 정말 좋다. 오상현 씨 부터요.

오상현 (잠시 당황하며) 네. 저는 삼화식품의 글로벌 마인드가 좋습니다. 활발하게 중국 진출하는 모습을 보며 저도 꼭 도움이 됐으면 좋겠다고 생각했습니다. 그래서 그동안 전공인 경영학에서도….

면접관2 오상현 씨. 잠깐만요. 그냥 우리 기업이 왜 좋은지만 말씀하시면 됩니다. 경험은 우리가 아까 물어봤고요. (자기소개서를 들어올리며) 여기에도 다 써 있으니까 됐습니다.

다음은 정수연 씨.

정수연 네. 답변 드리겠습니다. 저는 우리 삼화식품의 기업문화가 좋습니다. 여성 근로자가 출산을 해도 회사에 별도로 운영되는 유아돌보미 서비스가 있다고 홈페이지에서 봤습니다. 그리고 완전 유기농으로 구내식당을 운영한다는 것도 봤습니다. 그래서 이런 기업문화가 좋은 것 같습니다.

면접관2 네. 잘 들었습니다. 다음으로 한기철 씨.

한기철 저는 대표이사님의 경영철학이 좋았습니다. 인간, 자연, 건강이라는 세 가지의 화합이라는 삼화정신을 바탕으로, 인생의 마지막 순간에 떠올릴 수 있는 그런 음식을 만들겠다는 말씀이 기억에 남습니다.

면접관2 네. 감사합니다. 마지막으로 남수한 씨.

남수한 앞에 분들이 이미 다 말씀을 해주셔서…. (잠시 망설이다) 작년에 중국 상해에 갔을 때, 마트에서 팔고 있는 '대자연을 품은 쑥쌈장'을 본 적이 있습니다. 말로만 하는 도전이 아닌 이렇게 직접적인 글로벌의 도전이 좋다고 생각합니다.

면접관1 남수한 씨.

남수한 네.

면접관1 우리 기업에 대해서 아는 대로 말해보세요.

남수한 네. 삼화식품은 전통 양념장 분야에서 최고의 기술력을 가진 기업입니다. 진성간장과 쑥쌈장이라는 대표 브랜드를 통해 오랜 시간 동안 소비자들에게 좋은 평가를 받고 있습니다. 경기도 안산의 제1공장과 이번에 새로 지어진 천안의 제2공장이 있으며, 특히, HACCP 인증을 통해 믿을 수 있는 식품회사로 인정받고 있습니다. 이상입니다.

면접관1 네. 아주 잘 알고 계시네요. 준비 많이 하셨습니다.

남수한 감사합니다.

면접관2 자. 그럼, 시간 관계상 여기서 면접을 마치도록 하겠습니다.

면접관1 혹시, 특별하게 질문이나, 하시고 싶은 말씀 있는 분 계신가요?

한기철 (급하게 손 들며) 한 가지 질문 드려도 되겠습니까?

면접관1 (손목시계를 보며) 네. 간단히 여쭤봐주세요.

한기철 입사지원서에 희망 지역을 쓰라고 하셨는데, 만일 취업 되면 거기로 배정이 되는 건가요?

면접관2 그건 제가 답변 드릴께요. 일단, 본인 희망 지역이니까 참고 자료가 되는데요. 지점 티오는 인사팀에서 별도로 취합해서 관리하니까, 그냥 막 보낸다기보다는 미리 상담도 하고 본인 의사도 물어보고 그래서 결정되니까 그리 걱정하지 않아도 됩니다. 왜요? 지방으로 발령 받을까 봐 걱정되서 그래요? (웃음)

한기철 (당황하며) 아, 아닙니다. 그냥 궁금해서 여쭤봤습니다.

면접관1 또 질문 있습니까? (지원자를 둘러보며) 그럼, 여기에서 면접 마치겠습니다. 이제 나가셔도 좋습니다.

지원자 (자리에서 일어서서) 감사합니다. (인사하고 나간다)

면접관들 네. 수고하셨습니다.

여러분들은 지금까지 그야말로 처음부터 끝까지 온전하게 진행된 어떤 기업의 면접을 목격하셨습니다. 이렇게 디테일한 면접 묘사는 감히 단언하건데 대한민국 최초일 것입니다. 현장에서 사용된 용어와 지원자들의 말투까지 그대로 재현된 시나리오이므로 당시의 면접 상황을 리얼하게 떠올릴 수 있을 것입니다.

면접이 중요하다고 모두 말하지만, 의외로 이와 같이 자세하게 면접 상황을 묘사한 자료나 기록이 없는 것이 사실입니다. 그러다 보니 면접의 중요성은 저마다 인식하고 있지만, 정작 현장에서 진행되는 면접 상황에 대해서는 추상적인 이미지만 가지고 있는 것 같습니다. 면접은 경험자가 무조건 이긴다는 말이 생기게 된 까닭이 바로 여기에 있다고 봅니다.

위에서 설정된 면접 상황과 흐름을 온전히 이해하는 것이 정말 중요합니다. 위에서 제공된 시나리오는 7명의 친구들이 있다면 훌륭한 '연극대본'으로 바뀔 수 있다는 힌트를 드리고 싶습니다. 면접관 3명과 지원자 4명으로 각각의 역할을 정해서 마치 연극하듯이 면접을 재현시켜 보면, 추상적이고 막연했던 면접이 뚜렷하게 구체화 되는 경험을 하게 될 것입니다. 면접 실전 연습을 하실 때는 처음에는 '면접관1'에서 두 번째는 '남수한'과 같이 그 역할을 계속 바꿔가며 진행해 보는 것도 너무나 좋은 방법입니다.

물론, 모든 면접이 위와 같은 내용과 순서에 따라 똑같이 진행되지는 않습니다. 하지만 우리가 지금부터 집중적으로 해부해 볼 쉬운 면접의 기본적 요소는 모두가 들어 있다고 생각합니다. 이와 같은 면접의 기본 흐름을 인식하고 있다면, 여러분들이 앞으로 만나게 될 진짜 면접에서도 얼마든지 차이점보다는 그 공통점이 더 많다는 사실을 찾아낼 수 있습니다.

그럼, 지금부터 위에서 재현된 시나리오를 따라가며 보다 세부적으로 면접을 해부해 보도록 하겠습니다. 면접의 구조를 이해하기 위해 면접 도입부, 면접 초반부, 면접 중반부, 면접 후반부로 나누어 시간대별 특징을 파악하도록 하겠습니다.

02

면접 도입부

해당 시간: 면접장 입장 후, 약 3분 내외의 시간

주로 목격되는 상황:
1) 지원자들의 면접장 입장과 인사
2) 지원자들을 편하게 해주려고 면접관이 나름 애쓰는 모습

주요 평가 사항: 지원자의 외형적인 첫 번째 이미지 등

자. 드디어 면접장에 들어갑니다.

혼자서 들어가는 경우도 있고, 여러 사람들과 함께 들어가는 경우도 있습니다.

면접장까지 어떻게 이동하는지 물어보는 지원자들이 많습니다. 전혀 걱정할 것이 없습니다. 면접장이 아닌 면접 대기실에서 이루어지는 일입니다.

여러 명의 지원자가 들어가는 면접이라면, 다음과 같은 상황을 만나게 될 겁니다.

최대리(면접 진행 담당자) : 다음 조, 호명하겠습니다. 이름이 불려지면 앞쪽으로 나와주세요.

김경현 씨. 나혜지 씨, 한노을 씨. 최한경 씨, 조준영 씨.

네. 앞쪽으로 나와주세요. 나혜지 씨가 여기 두 번째에 서주시구요.

자. 이제 곧 면접장으로 가실텐데요. 이 순서 지켜서 들어갈 겁니다. 아셨죠?

그럼, 바로 이동하겠습니다. 저 따라오세요.

최대리 : (면접장 문을 열어주며) 자. 들어가시기 바랍니다.

뭐. 이렇게 말입니다.

반면, 혼자서 들어가는 면접이라면, 다음과 같은 상황이 있을 겁니다.

별 거 없죠?

하지만, 이때 드디어 특별한 상황이 발생합니다.

그건 바로 생전 처음 보는 면접관 아저씨(혹은 아줌마)들과 최초로 눈을 마주치는 순간을 만나게 된다는 것입니다. 바로 그 순간! 여러분들은 '지금 자신의 표정이 어떨지?'에 대해 심각하게 생각해봐야 합니다.

웃어야지 웃어야지 하며, 수만 번을 되뇌어도 그 순간이 되면 표정이 경직되는 지원자들이 생각보다 많습니다. 그게 바로 여러분들의 '첫인상'이 되는 겁니다.

사람이라는 게 참 그렇습니다. 좋아 보이면 좋은 줄 아는 겁니다. 기업에서도 이를 잘 알기에 면접관 양성 교육을 할 때마다 제발 첫인상에 현혹되지 말라고 강조하고 또 강조하지만, 현실에서는 그렇지 않습니다. 그냥 면접관인 그들이 좋아 보인다는 데 어떻게 하겠습니까?

아무리 콩닥콩닥 심장이 뛰고 정신이 없어도 이 순간 여러분은 '웃고' 있어야 합니다. 비록 어설픈 미소더라도 '지원자가 웃으려고 노력하는 것'을 면접관은 반드시 알아줄 것입니다.

여기서 잠깐!

이 책을 읽는 분들이 이 시점에서 책을 덮고 거울을 바라보며, 씨익~ 웃어 보더라도 절대로 오해하지 말아야 할 것이 하나 있습니다. 그놈의 첫인상이라는 것은 '예쁘고 잘생겼다'의 기준이 아니라는 겁니다.

기업이 예쁘고 잘생긴 사람을 뽑으려고 한가롭게 면접이나 보고 있겠습니까? 차라리 길거리 캐스팅을 하는 게 더 효과적이겠지요. 분명히 말씀드리지만, 첫인상은 예쁘다 안 예쁘다의 개념이 아닌 겁니다. 다소 추상적으로 들리겠지만 '밝은 느낌!'

면접관이 여러분 얼굴에서 찾고자 하는 것은 바로 그것입니다.

그동안 수많은 면접 컨설팅을 진행하며, 자기 얼굴에 자신이 없어서 면접이 고민이라는 이야기들을 참 많이 들었습니다. 그 때마다 제가 항상 해주었던 이야기가 있습니다. 바로 아래와 같은 이야기입니다.

가고 싶은 기업이 어디인가요?

그 기업 정문 앞에 앉아서 아침 8시 30분부터 9시까지 출근하는 직원들의 얼굴을 딱 30분 동안만 관찰해 보면 바로 깨닫게 됩니다. 그러면 알게 될 겁니다. "내가 착각했구나. 나도 할 수 있어! 힘내자 이민영! 파이팅!"이라고 외치며 새로운 취업 준비의 길을 열 수 있을 겁니다.

그래 알았다. 예쁘고 잘생긴 게 아닌 건 알았는데, 그래서, 첫인상이 뭐냐?

그렇다면, 저는 이렇게 다시 한번 정리해서 말씀드리고 싶습니다.

'입 꼬리를 올리는 노력'이라고 말이죠

면접관의 관점에서 말씀드리겠습니다. 면접장 입구로 들어오는 지원자의 얼굴을 보게 되면 10명 중 6명에게는 당혹감이, 그리고 10명 중 3명한테는 긴장감이, 10명 중 1명한테는 전쟁에 임하는 비장감이 평균적으로 느껴집니다. 물론, 아주 간혹 그동안의 짧았던 인생을 정리하고 면접장에 들어온 것 같은…. 마치 삶을 달관한 듯한 평온한 얼굴의 지원자도 보이곤 합니다.

자신은 웃는다고 해도 보는 사람이 그렇게 보지 않는다면 그건 웃는 게 아닌 거겠죠. 그리고, 그런 부자연스런 모습을 호의적으로 바라보는 면접관은 없을 것입니다. 이제 아셨나요? '그 특유의 어색함'을 저는 말하고 싶은 겁니다.

지금 이 글을 읽고 있는 여러분들의 표정은 어떻습니까?
평상시 어떤 표정으로 거리를 걷고, 지하철을 타고, 하루를 보내고 있나요? 혹시 대부분이 무표정이 아니었나요? 여러분들이 지금도 그런 표정이라면 그게 자신에게 편해서일 것입니다. 하지만, 면접 당일에는 평소와는 달라야 합니다. 면접관에게 이제는 그 표정까지도 평가를 받아야 하기 때문입니다.

여러분께 제안드리겠습니다. 당장 지금부터 입꼬리를 올리려는 '노력'을 하시기 바랍니다. 헬스장에 한두 번 간다고 당장 멋진 근육이 만들어지지 않는 것처럼, 계속적인 노력으로 여러분들의 미소가 자연스레 얼굴에 표현될 때, 그때 비로소 면접관이 원하는 첫인상이 탄생된다고 강조드리고 싶습니다.

자, 이렇게 해서 여러분들이 면접장에 들어오는 그 순간에 대한 설명이 끝났습니다.

하지만 안타까운 반전도 있습니다. 마치 세상 중요한 것처럼, 첫인상의 중요성에 대해 열심히 설명하고 설득도 했지만, 안타까운 말씀을 전해야 할 것 같습니다. 여러분들이 면접장에 들어오는 그 모습을 뚫어지게 바라보는 면접관들은 의외로 몇 명이 안 된다는 사실입니다.

'어! 이게 또 무슨 말이지?'라고 당황하실 것 같은데요.

지원자가 면접장에 들어오는 그 순간에 면접관들은 주로 여러분들이 제출한 입사지원서에 밑줄을 긋고 있거나, 아니면 바로 앞 시간 지원자들의 평가표에 자신이 표시한 세모를 지우개로 지우고 다시 엑스로 바꾸는 등등의 행동들을 하고 있을 거란 말씀을 드리고 싶은 겁니다. 그래서 정작 면접관의 얼굴과 시선을 마주하게 되는 것은, 지원자를 위한 빈 의자 앞에 정렬한 도착한 때부터입니다. 그리고 이때부터 내가 진짜 면접에 왔다는 실감을 하게 되죠!

　원래, 면접관과 눈이 마주친다면 그때는 인사를 하는 것이 좋습니다. 하지만 표정까지 신경 쓰며 긴장되는 상황이기에 면접관과 눈이 마주치는 순간 본능적으로 고개를 까닥이며 인사하게 됩니다. 하지만, 우리는 하나라도 제대로 합시다.

　면접장에 들어가며 면접관과 눈이 마주친다면, 그 순간 이동을 멈추고 몸을 바로 세웁니다. 여성 지원자라면 벨트가 있는 부분에 왼손을 모아서 위치시키고, 그 위에 오른손을 올려 단정하고 빈틈없는 자세를 유지하는 것이 좋고, 남성 지원자라면 군대 차렷 자세를 만드는 것이 좋습니다. 그리고 소리 내지 않아도 좋고 '안녕하십니까?'라고 힘차게 외쳐도 되니, 허리 숙여서 정중하게 인사합니다. 너무 오버한다고 생각할지 모르지만, 인사는 어디서나 좋은 것이 사실입니다.

　이 상황은 면접관과 눈이 마주치는 상황을 전제로 한 겁니다. 만일 눈이 마주치지 않는다면 어떻게 할까요?
　이때도 무조건 인사합니다. 인사는 좋은 것이라고 방금 알려드렸잖아요.

그런데 남들은 인사 같은 거 전혀 신경 쓰지 않고, 하지도 않는데 나만 이러면 너무 뛰는 것이 아니냐구요? 잘 기억하세요. 면접은 '내가' 합격하는 겁니다. 다른 사람들 신경 쓸 이유가 없습니다.

이제, 의자까지 이동해야 합니다.
어떻게 이동하냐구요? 그냥 걸어가면 됩니다.
하지만, 이때도 유의해야 할 것이 있습니다.
딱! 두 가지만 지키면 됩니다. 터벅터벅 들어가서 그대로 털썩 앉지 말라는 것, 그리고 앞으로 알려드릴 '매너'를 연출하는 모습을 보이라는 겁니다.

요즘 면접장에서 심심찮게 보이는 모습이 있습니다. 면접관들이 기업 갑질 또는 갑질 개념을 인식해 부드럽고 친절하게 지원자들을 대한다는 것입니다. 이와 같은 탈권위적 현상 덕분에 면접이 많이 부드러워진 것은 사실입니다. 기업 관점에서 보면, 기업의 이미지와 맞물리는 부분이기 때문에 면접관 양성 교육 때도 이를 굉장히 강조합니다.
하지만 아무리 면접장의 분위기가 좋다고 해서 결과까지 모두 좋을 수는 없습니다. 즉, 면접 분위기와 합격 여부는 전혀 관계가 없다는 뜻입니다. 물론 조금 더 편한 분위기에서 실력을 보다 더 잘 발휘할 수는 있겠죠. 하지만 남들도 다 그렇다는 것이 또 문제가 됩니다.

그리 아시고, 면접장에서 진행되는 상황을 계속 보실까요?

면접관의 이런 권유 상황에서는 또 어떻게 해야 할까요? 간단합니다.

이동해서 자신의 의자 앞에 '서 있는' 겁니다. 남들은 앉는데 나만 서 있으면 어떻게 하냐구요? 그것도 걱정 없습니다. 내가 서 있으면 남들도 서 있을 테니까요. 그럼, 면접관이 이렇게 얘기할 겁니다.

그럼 그때 이렇게 씩씩하게 말하고 자리에 앉으면 됩니다.

여러분들은 인사가 생략된 면접장의 상황에서 훌륭하게 매너를 연출한 지원자가 되셨습니다. 인사가 매너라면, 이와 같이 보이는 모습 또한 매너로 평가될 것입니다. 물론 여기까지 잘했다고 해서 면접에서 무조건 합격하는 것은 아니겠지만, 적어도 '뭔가 제대로 갖춰진' 지원자의 모습을 보여준다는 것에서 의미를 찾으시면 될 것 같습니다.

이제 드디어 자리에 앉았습니다.

그리고 이 순간에는 면접 자세를 신경 써야 합니다.

인사 자세와 자리에 앉는 자세가 어쩌고 저쩌고 글로 표현하는 것보다 유튜브나 네이버 검색창에 '면접 자세'나 '면접 태도' 등으로 검색하여 거기 나오는 사진과 동영상을 그대로 따라해 보는 것이 백배 더 효과적일 것입니다.

그리고 반드시 자신의 핸드폰 영상으로 인사의 앞 모습과 옆 모습, 그리고 자리에 앉아 있을 때의 앞 모습과 옆 모습을 촬영해 보라고 강력하게 제안하는 바입니다. 자신을 객관화시켜 평소 알지 못하는 부분을 볼 수 있기 때문입니다.

그래도 불안한 이 마음을 어떻게 할까요?

인사에 대한 유의사항 두 가지만 알려드리겠습니다.

인사 속도에 유의하시기 바랍니다. 너무 빠르게 인사하면 불성실하게 보일 수 있고, 너무 느리게 인사하면 사람이 답답하게 보일 수 있습니다. 그러니, 반드시 인터넷 동영상을 참고해서 인사 속도에 대한 감을 잡아 보시기 바랍니다.

너무 굽신거리는 느낌이 들지 않도록 인사 각도에 유의하시기 바랍니다. 허리를 너무 과도하게 꺾어 구십도 아래로 숙이면 마치 내시나 하녀같이 보인다는 것이 면접관의 솔직한 심정입니다.

이왕 말을 꺼냈으니, 두 가지만 더 알려드리겠습니다.

발 끝을 1/3 면접관 방향으로 뻗습니다. 그렇다고 너무 오버할 필요는 없고, 발 끝이 면접관 방향으로 조금 앞으로 나와 있으면 되는 겁니다. 이게 더 적극적인 모습으로 보이기 때문입니다. 의외로 많은 지원자들이 발 끝에 대한 연출을 못하는 것 같아 알려드렸습니다.

너무 딱딱하게 앉아 있지만 말고, 상황에 따라서는 손으로 하는 제스처를 사용해도 좋습니다. 구판《면접 해부학》에서는 제스처를 사용하지 않는 것이 더 좋다고 말했는데, 시간과 문화가 그만큼 변해버린 까닭입니다.

하지만 면접 자세에서 정말 중요한 것은 '면접관을 마주하는 시선'과 '힘 있는 목소리'에 그 포인트가 있습니다. 이는 중요한 문제이므로 이후에 좀 더 구체적으로 언급하도록 하겠습니다.

*면접 자세 또는 태도에 대해서는 인터넷을 검색하여 관련 동영상을 꼭 참조하도록 하시기 바랍니다. 글로 표현하는 데는 한계가 있기 때문입니다. 일단 보고 딱! 한 번만 그대로 따라해보면 끝나는 것이 바로 면접 자세와 태도입니다.

이제, 면접 도입부의 마지막 단계로 넘어갑니다. 3분이라는 시간이 제법 길게 느껴집니다.

이 단계에서는 면접관이 하는 그냥 일방적인 좋은 소리를 '잘 듣는' 것이 포인트입니다.

아침 일찍 오느라고 고생이 많았다는, 밖에 비가 많이 오는데 힘들지 않았냐는, 여기까지 뭐 타고 왔는지, 먼 거리인데 늦지 않고 와줘서 고맙다는, 대기실에서 많이 기다리게 해서 미안하다는, 우리 회사 방문은 처음일 것 같은데 분위기가 어떤지,

뭐 이런 등등의 준비된 멘트를 그냥 듣기만 하면 됩니다.

하지만 아무리 면접관이 사람 좋게 이야기 한다고 하더라도, 면접장에서 이루어지는 모든 것에는 '평가'라는 괴물이 발톱을 숨기고 노려보고 있는 만큼 이때도 뭔가를 연출해 줘야 할 것 같습니다.

그건 바로 앞서 알려드린 첫인상의 표정을 지으며 고개를 끄덕여주는 것입니다. 맹한 눈빛으로 듣고만 있는 지원자의 모습과 자신의 말에 적극적으로 경청하는 지원자의 모습은 분명 차이점이 있을 수밖에 없습니다.

욕심내지 말고 딱! 두 번만 끄덕여 줍시다. 이 횟수가 초과되면 면접관 입장에서는 다소 오버하는 모습으로 보여질 수 있으므로 오히려 역효과를 가져오게 됩니다.

그리고, 드디어 첫 답변을 해야 합니다.

위에서 알려드린 면접관의 멘트는 '질문'의 형태를 이루고 있기 때문입니다.

사소하지만, 이때 답변도 2가지를 보여줘야 합니다. 첫째, 긍정적으로 받고 + 둘째, 적극성을 보이라는 것입니다. 다음의 예시를 보시면 금방 이해되실 겁니다.

면접관: 반갑습니다. 이상현 씨는 우리 회사 처음 오시죠? 찾아오는데 힘들지 않으셨나요?

이상현: 네. 저도 초행길이라 어제 미리 지도를 찾아보고 왔습니다. 덕분에 일찍 도착해서 근처에서 대기하다 잘 왔습니다. (긍정적으로 받고) + 여유 있게 잘 온 만큼, 오늘 면접 최선을 다하도록 하겠습니다. (적극성을 보인다)

하나 더 볼까요? 이번엔 '언택트 화상 면접' 상황입니다.

면접관: 남미영 씨. 반갑습니다. 화면 잘 나오나요? 이렇게 화상 면접으로 진행되서 미안합니다. 불편한 부분은 없나요?

남미영: 네. 학교에서도 온라인으로 강의를 들어서 불편하지 않습니다. 오히려 면접관님을 더 가까이서 뵙는 것 같아 좋습니다. (긍정적으로 받고) + 오늘 면접도 최선을 다해 임하겠습니다, (적극성을 보인다)

어떤가요? 감이 오시죠?

하지만 이렇게 글자로 설명드리는 것은 한계가 있습니다. 적극적 끄덕임과 긍정적 분위기를 연출하기 위해서 마찬가지로 핸드폰 동영상 촬영은 필수입니다.

면접관의 좋은 소리는 이후에도 계속 이어집니다.

씩씩해서 좋다, 우리 기업은 경직된 문화를 가진 기업이 아니다, 따라서, 여러분들도 자유롭게 자신을 표현했으면 좋겠다는 등등. 그러면서 면접관들은 면접은 면접관이 여러분들을 평가하는 자리가 아니라 서로 진솔한 대화를 나누는 자리라는, 면접관만 여러분들을 평가하는 것이 아니라 여러분들도 면접관을 평가하는 자리임을 잘 기억하라는, 여러분은 이미 우리 기업과 함께할 수 있는 잠재적인 가능성이 있기에 우리는 그 가능성을 찾고자 노력할 거다, 그러니 여러분들도 우리를 도와주기 바란다는 등등.

이때도 지금까지 배운대로 밝은 표정으로 한두 번 고개를 끄덕여 주는 것이 좋습니다.

자, 여기까지가 면접 도입부의 시점입니다.

그리고, 지금부터는 면접의 진짜 초반부가 시작됩니다.

03

면접의 초반부

> **해당시간: 면접장 입장 후, 3분 이후 10분~15분 내외의 시간**

> **주로 목격되는 상황:**
> **1) 1분 자기소개**
> **2) 입사지원서의 질문들**

> **주요 평가 사항: 지원자의 기본인성, 해당 기업의 인재상 일치성, 직무적합성 등**

1) 1분 자기소개

본격적인 면접은 1분 자기소개에서부터 시작됩니다.

세상 그 무엇이든 첫 시작이 중요합니다. '1분 자기소개'나 '자기 PR' 또한 바로 그 첫 시작에서 보여지는 부분이므로 매우 중요합니다. 100개의 면접 사례 중 무려 86개 이상의 면접장에서 지원자에게 다양한 방식의 자기소개를 요구하며 면접이 진행됩니다. 즉, 여러분들도 면접장에서 자기소개를 요청받을 확률이 매우 높다는 말입니다.

면접관의 시각에서 보면 생전 처음 보는 눈앞의 지원자가 처음으로 입을 열고 말을 하기 시작하는 부분이기 때문에, 지원자에게 가졌던 첫인상을 행동적인 부분과 연결시켜 파악하는 중요한 상황이 되기도 합니다.

(1) 면접관이 1분 자기소개를 시키는 이유

그런데 왜 이렇게 면접장마다 자기소개를 시켜볼까요?

면접관이 요구하는 것이니 면접관의 시각에서 생각해봐야 할 것입니다. 면접관은 사실 여유가 없는 사람들입니다. 30분 동안 질문하기도 바쁜데, 그 와중에 꼼꼼하게 메모도 해야 하고, 면접 평가표에 기록도 해야 합니다.

이게 다가 아닙니다. 하나의 면접이 끝나고 지원자들이 나가면 곧 다른 지원자들이 들어옵니다. 제대로 질문이라도 하려면, 잠깐이라도 좋으니 새로 들어온 지원자들의 입사지원서를 꼼꼼하게 읽어봐야 합니다. 이미 읽어봤던 입사지원서라도 거기서 거기인 지원자들을 마주하다 보면 헷갈리기 일쑤입니다.

따라서, 이제 새로운 면접이 다시 시작되는 상황에서 새로 만나는 지원자들의 정보를 요약해서 빠르게 파악하는 과정이 필요하다는 인식이 생긴 겁니다. 이와 같은 필요성이 있기에 1분 자기소개가 면접의 첫 시작에서 화려하게 등장하게 된 것입니다.

한 사람당 1분씩이면 5명이면 무려 5분입니다. 즉, 면접관들에게는 새로운 면접을 준비할 수 있는 여유시간이 생긴다는 것입니다. 면접관이 "자. 지금부터 자기소개를 들어보겠습니다. 1분의 시간 동안 자유롭게 자신을 표현해주시기 바랍니다. 누구 먼저 시작하실래요?"라고 말할 수밖에 없는 배경이 여기에 있습니다.

면접관이 1분 자기소개를 시키는 또 다른 이유는, 그들이 베푸는 일종의 배려에서 그 원인을 찾을 수 있습니다. 면접 당일 지원자들은 긴장할 수밖에 없습니다. 대부분의 지원자가 생전 처음 접하는 면접이니 오죽하겠습니까?

마치 울 것 같은 표정으로, 심장 두근대는 소리가 여기까지 들릴 것 같은 긴장된 모습의 지원자들을 보면, '이거 제대로 면접을 진행할 수가 있을까?'라는 우려의 마음이 생기게 됩니다.

이미 자신이 버틸 수 있는 긴장의 한계치를 한참이나 넘겨버린 지원자들을 대상으로, 원활한 면접의 진행을 위해서 지원자들의 긴장을 해소시켜 줘야 하는 일종의 장치가 필요합니다.

그렇다고 지원자들을 대상으로 어설픈 개그나 웃긴 이야기를 할 수도 없으니, 결국 가장 좋은 방법은 지원자들이 스스로 알아서 준비해 온 그 무엇인가를 들어보는 것이 좋다는 결론에 이르게 됩니다.

만일, 이런 식으로 면접이 시작된다면 얼마나 끔찍할까요? 이는 면접관도 잘 잘고 있는 부분입니다.

면접관이 던지는 일방적인 질문에 대한 답변보다는, 스스로 준비한 뭔가를 이야기할 때 보다 더 많은 익숙함과 편함을 느끼게 되는 겁니다. 그래서 기업의 일부 면접관들은 1분 자기소개는 일종의 몸 푸는 과정, 즉 워밍업의 단계이므로 자신은 특별하게 의미를 두지 않는다는 이야기를 하곤 합니다. 즉, 그냥 '떠들게 놔둔다'는 것인데, 정말 그럴까요?

경험 많은 면접관이라면 지원자의 1분 자기소개만 딱 들어봐도, 지원자의 면접 준비도와 생각의 깊이, 취업에 대한 인식, 표현의 논리성 등을 바로 파악해 버리는 신공을 발휘하게 됩니다. 바로 지원자의 '진짜 모습'이 파악되는 순간입니다.

(2) 1분 자기소개로 지원자를 파악하는 3가지 요소

꼭, 이렇게 고수가 아니더라도 면접관이 지원자의 1분 자기소개를 통해 파악할 수 있는 것들은 무려 3가지나 됩니다.

첫째, 얼마나 이 면접에 진심인가?

▶ 즉, 성실하게 이 면접을 준비했는지 알 수 있습니다. 중간에 까먹거나 버벅거리지 않을 정도로 뭔가를 준비해 왔다면, 일단은 성실한 사람일 가능성이 높다는 겁니다. 그리고 그렇게 열심히 준비를 했다면 그만큼 우리 기업에 들어오고 싶다는 강한 의지가 그 배경에 있을 거라고 면접관은 인정해 줍니다.

둘째, 얼마나 많은 고민을 했는가?

▶ 자신을 어떻게 표현하고 있는가? 그 내용적인 '깊이'를 보면, 얼마나
진지하게 고민을 했는지 알 수 있습니다. 면접관은 지원자들보다 훨
씬 더 경험이 많은 사람들입니다. 따라서 딱 들어보면 느껴지는 것
이 있습니다. 그만큼 진지한 지원자라면 적어도 엉뚱하고 불필요한
이야기나 뻔한 이야기는 절대로 하지 않을 것임을 믿기 때문입니다.

셋째, 얼마나 당당한 모습을 보이는가?

▶ 이렇게 긴장되는 면접의 첫 시작에서 씩씩한 목소리로 자신 있게 자
기소개를 하는 지원자의 모습을 떠올려 보시기 바랍니다. 절대로 아
무나 할 수 없는 모습입니다. 이와 같은 모습을 보인다는 것 자체가
지원자가 가진 그만큼의 배짱을 의미하고 용기를 의미합니다. 결국
기업에서 원하는 '열정적인 인재', '도전하는 인재'의 모습이 이것과
뭐가 다르겠습니까?

(3) 1분 자기소개 유의사항 11가지

이와 같은 중요성을 갖는 〈1분 자기소개〉이기에, 신경 써야
할 것들도 많습니다. 다음와 같은 무려 11가지 유의사항이 그
것입니다.

① 1분 자기소개는 현장에서의 '애드립'이 불가능합니다.

물론 미리 준비된 자기소개를 거부하고, 외우지 않은 자기소개를 요구하는 면접관도 있지만, 이 역시 기본적인 자기소개가 준비된 상태에서 응용할 수 있는 것이지, 처음부터 완전한 애드립은 있을 수 없습니다. 타이머를 맞춰놓고 숨을 참아보면 1분이라는 시간이 얼마나 긴 시간인지 알게 됩니다. 즉, 미리 준비를 하고 면접에 임해야 하는 것입니다.

② 제출한 자기소개서의 내용이 서로 겹쳐도 특별하게 문제 되지 않습니다.

1분 자기소개와 관련하여 가장 많이 질문을 받는 사항이 바로 자신이 제출한 '자기소개서에 써 있는 경험이나 사례 등이 서로 겹쳐도 되나요?' 하는 질문입니다. 결론적으로 말하면 '내용은 같아도 된다'입니다. 왜냐하면 자기소개서도 결국 내 이야기고, 1분 자기소개도 결국 내 이야기이기 때문에 당연히 교집합이 생길 수밖에 없는 구조를 가지고 있음은 자연스러운 것이지요.

약간의 편집과 조금이라도 말을 바꾼 노력만 보인다면 자기소개서의 내용이 1분 자기소개의 내용과 중복되는 부분이 있어도 그렇게 큰 문제가 되지는 않습니다.

하지만 지루하고 진부한 사례의 나열은 금물입니다. 면접관의 경험을 통해 그동안 가장 많이 들었던 사례를 꼽으라면 '노력해서 장학금을 탔다'는 것과 '노력해서 영어점수를 올렸다'는 등등의 이야기들입니다.

물론 본인의 노력임에 틀림이 없지만 하루 종일 수도 없이 같은 사례를 들어야 하는 면접관의 입장에서는 전혀 새로울 것이 없는 지루한 사례일 뿐입니다. 노력을 해도 어떤 부분에 자신만의 특별한 노력을 했는지, 아르바이트를 해도 이를 통해 어떤 독특한 세부 경험을 했는지 아이디어를 적용해야 할 것입니다.

③ 부정적 단어나 표현은 금지입니다.

1분 남짓한 그 짧은 시간에 부정적인 단어나 표현을 일부러 쓸 필요는 없습니다. '거듭되는 실패에도 불구하고', '한때는 좌절했지만', '외토리가 되어서도', '팀에게 등을 돌리고', '제 자신에게 많은 실망을 했지만', '다시는 할 수 없다는 아쉬움에' 등의 표현이 면접관 귀에 들린다면 면접관은 어떤 생각을 하게 될까요?

실제로 면접장에서 이와 같이 부정적 표현이 나오면 고개를 들어 지원자를 유심히 보는 면접관이 있습니다. 아마도 머릿속에서 '그럼, 왜 그 지경까지 일을 키웠지?', '그러면 왜 그런 부분을 미리 고려하지 못했지?'라는 의문을 가졌기 때문일 겁니다. 그리고 자기소개가 끝나게 되면 이후 실제 이런 질문으로 이어지는 경우도 많습니다.

물론, '하지만 이 상황을 극복하고 이후에는 좋아졌어요'라는 스토리로 이어지겠지만, 면접관에게 괜한 공격 포인트를 제공할 바에는, 차라리 긍정적 표현만으로 자신을 어필하는 것이 훨씬 더 좋을 것입니다.

④ 자기를 소개해야 합니다.

자기소개는 그야말로 자신이 어떤 사람인지에 대한 소개입니다. 간혹 자기소개를 직무 지원동기나 회사의 지원동기와 헷갈려서 계속 직무의 시시콜콜한 부분이나 면접관에게 회사를 소개하는 그런 지원자들이 있습니다. 직무나 회사에 대해서는 이미 그 조직에 속해 있는 면접관들이 더 잘 알고 있습니다.

다시 한번 말하지만, 면접은 자신을 나타내고 소개하는 자리입니다. 자신이 가진 속성과 경험을 나타내는 것이 바로 자기소개의 본질임을 잘 기억하셔야 합니다.

⑤ 근거 없는 자신감은 좋지 않습니다.

'무조건 잘할 수 있습니다', '확실하게 잘할 수 있습니다', '일단 부딪히면 안 될 것이 없을 것입니다' 등 강한 표현으로 자기소개를 진행하는 지원자가 많습니다. 물론 젊은이 특유의 패기가 느껴지기에 좋아 보이는 것도 사실이지만, 세상 모든 것이 말로만 되는 것이 아님을 면접관들은 이미 잘 알고 있습니다.

따라서 경험 많은 면접관의 시각에서 보면 너무나 터무니없는 것이 바로 근거 없는 자신감의 표현입니다. '10년 이내에 해당 분야의 전문가로 성장하겠습니다'라는 표현보다는 '입사 후 1년 이내에 우리 회사의 TPM 시스템을 확실하게 이해하도록 하겠습니다'라는 말이 더 합리적인 표현이라고 생각합니다.

⑥ 남들 다 하는 거라면 차라리 하지 말아야 합니다.

자신을 짐승이나 사물에 비유하는 것 또는 명언으로 시작하는 패턴 등등 그거 남들이 다 하는 것입니다. 면접관의 관점에서 이와 같이 뻔한 자기소개의 모습을 보이는 지원자는 그만큼 노력의 흔적 또한 찾을 수 없다고 느낄 수 있습니다. 즉, 듣는 사람에 대한 배려가 없는 겁니다.

특히, '저는 오뚜기 같은 사람입니다', '저를 동물에 비유하면 카멜레온에 비유할 수 있습니다', '저는 스폰지와 같은 흡수력을 가지고 있습니다'와 같이, 면접장에서 자기소개를 들어보면 온갖 짐승이나 사물이 나옵니다. 본인이야 나름대로 깊은 고민 끝에 거북이 대신 카멜레온으로 정했겠지만, 면접관의 입장에서는 한번쯤은 들어봤던, 심지어 방금 면접 보고 나갔던 지원자에게도 들었던 거기서 거기인 짐승들이고 사물일 뿐입니다.

즉, '오오! 카멜레온! 이건 처음 들어보는 참신한 발상인걸! 정말 놀랍군!' 이런 반응이 나와도 모자랄 판에 '아…. 너도 또 카멜레온이냐? 뭐 다른 거 없냐? 오늘은 왜 계속 동물원이냐?' 라는 좋지 않은 인상을 줄 수 있다는 것입니다.

이와 같은 관점에서 첫째, 둘째, 셋째 방식의 1분 자기소개 구성 방식도 위험할 수 있습니다. 다음과 같은 사례입니다.

'저를 세 가지 키워드로 소개하겠습니다. 첫째는 열정입니다. 학생회 임원을 맡으며 무려 12번의 크고 작은 행사를 열정적으로 이끌었습니다. 둘째는 배려심입니다. 4년 동안 기숙사에 있으면서 총 7명의 룸메이트를 만났습니다. 단 한 번의 충돌도 없이 이들과 잘 지냈던 이유는 배려하는 마음이 있었기 때문입니다. 셋째는 꼼꼼함입니다. 방학 때마다 인테리어 소품 공장의 제품 검수 아르바이트를 하고 있습니다. 꼼꼼하게 검수하여 직원분들에게 인정을 받고 있습니다. 그리고 저는~'

이와 같은 방식은 말의 중간에 특정한 포인트를 넣어 그 내용을 구조화했다는 점에서는 좋습니다. 실제로 면접관의 입장에서도 귀에 쏙쏙 들리는 것도 사실이기에 아마도 이와 같은 방식으로 자기소개를 만들어 사용하는 사람들이 많을 겁니다.

그래서, 문제가 됩니다. 그 이유를 저 또한 두 가지로 말씀드리겠습니다!

첫째는 누구나 하는 뻔한 방식이라는 것입니다. 면접을 진행해보면 10명 중에 6명 정도가 이런 방식으로 자기소개를 합니다. 이는 짐승이나 사물 표현 방식과 맥락을 같이 합니다. 즉, 너무 흔한 방식이라는 점에서 문제가 됩니다.

둘째는 이것이 바로 외운 자기소개의 전형이라는 것입니다. 최근의 자기소개 패턴인 '준비해 오거나 외운 거 하지 마세요'라는 면접관의 요구에 속수무책으로 당할 수밖에 없는 패턴이 바로 첫째는~, 둘째는~ 방식입니다. 이건 누가 봐도 외운 것으로 보이기 때문입니다.

꼭, 뭔가를 따라 하려는 억지스러움 보다는, 그냥 순수하게 자신의 성향이나 자신이 추구하는 것 또는 지키고 있는 것 이런 진짜 자신에 관한 이야기를 이야기하듯 전달하는 것이 훨씬 더 좋은 방식이 될 것입니다.

⑦ 시작을 잘해야 합니다.

거창하게 '용광로 같은 열정과 뜨거움을 가진 박민정 인사드립니다' 같은 표현이나 '열 남자 부럽지 않은 여자 이민주입니다' 이런 방식은 서로에게 부담이 될 뿐입니다. 추상적 표현일 뿐이니까요. 어설픈 돋보임 보다는 차라리 깔끔하게 자신의 '직무'와 '이름'을 또렷하게 알려주고 시작하는 것이 훨씬 더 분명한 방법입니다.

또한 '고객님과 함께 새로운 서비스의 미래를 개척하겠습니

다. 서비스관리팀에 지원한 남예은입니다' 이런 방식도 면접관
에 따라서는 다소 가식적으로 보인다는 의견이 많으니 주의해
야 할 것입니다.

⑧ 자신의 이력서를 브리핑하는 것은 무의미합니다.

자기 이름은 무엇이고, 이름의 뜻은 어떻게 되며, 어디에 살
고, 어떤 학교와 어떤 전공을 졸업했고, 이것도 했고, 저것도 취
득했고, 거기도 다녀왔고, 이것도 해봤다 식의 단순한 경험의
나열은 정말로 의미가 없습니다. 면접관의 시각에서 이와 같은
정보들은 그냥 입사지원서 보면 되는 내용들입니다. 그 경험을
통해 얻거나 깨달은 자신의 생각을 말해보기 바랍니다. 훨씬 더
의미 있는 전달이 가능하게 됩니다.

⑨ 핵심을 반드시 강조하여야 합니다.

사람의 말에는 흐름이 있어야 하고 강약이 또한 있어야 합니
다. 이거 하나만큼은 꼭! 강조하고 싶은 포인트를 찾아 진정으
로 강조할 줄 알아야 합니다. 이를 확인하는 방법이 있습니다.
자신이 만든 1분 자기소개를 누군가에게 들려주고 가장 기억
에 남는 부분을 말해보라고 해보시기 바랍니다. 그 부분이 바로
심혈을 기울여 강조해야 할 부분임을 잘 인식하시기 바랍니다.
신기하게도 면접관 역시 그 부분만 기억에 남게 됩니다.

⑩ **시간을 잘 지켜야 합니다.**

일부 면접장에서는 초시계를 보여주며 1분의 시간을 관리하는 경우도 있습니다. 제한된 시간 동안 빡빡하게 진행되는 기업의 면접이기에 면접관들은 1초라도 시간에 민감할 수밖에 없습니다. 자기소개를 미처 마무리하지도 못하고 어정쩡하게 중단되는 불상사를 방지하기 위하여 '50초에서 55초 사이'를 기준으로 하는 깔끔한 언어의 구조를 만들어보기 바랍니다.

⑪ **끝났다고 면접관에게 알려주기 바랍니다.**

1분 자기소개가 끝났다면 끝났다고 면접관에게 알려주시기 바랍니다. 안 그러면 사람에 따라 괜한 짜증을 내는 면접관도 있습니다. 간단합니다. '감사합니다' 또는 '이상입니다'라고 말해주면 되는 겁니다. 면접관은 그래야 비로소 지원자의 자기소개가 끝났음을 인지하게 됩니다. 처음이 중요한 만큼 끝도 중요한 법입니다.

(4) 바로 만들어서 사용할 수 있는, 1분 자기소개 구성법

그럼, 지금부터 1분 자기소개를 구성하는 방법을 먼저 알려드리겠습니다.

취업준비생들이 가장 목말라하는 부분이 바로 이 부분인 것 같습니다. 인터넷을 찾아봐도 '남들 것'은 많이 보이지만, 마땅히 '내 것'으로 만들 수 있는 사례와 샘플이 없기 때문입니다. 대부분의 면접 관련 서적 역시 고작 두세 페이지만 할애하여 1분 자기소개를 언급하고 있는 실정이다 보니, 그 중요성은 알겠지만 정작 만드는 방법에 대해서는 부족함이 있었던 것이 사실인 것 같습니다. 그래서 여기에서는 아예 노골적으로 '만드는 방법'을 중심으로 알려드리겠습니다.

그 전에 먼저, 준비물이 필요합니다. 경험이 2개는 있어야 합니다. 왜 하필이면 2개의 경험이 필요하냐고 물으신다면, '1분'이라는 시간이 생각보다 길기 때문이라고 답해드리고 싶습니다. 숨 참아 보면 바로 알 수 있다고 했죠?

또한, 이 2가지 경험은 자기소개서에 언급됐던 경험이 중복되어도 문제없습니다. 700~800자까지 자기소개서도 자신이 주인공이고, 1분간 자기를 소개하는 자기소개 멘트도 자신이 주인공이기 때문에 경험이 중복되는 것은 오히려 당연한 것입니다. 다만, 아무 경험이나 마구 나열해서는 곤란하다는 말씀을 드립니다.

따라서 아래와 같이 자신의 경험을 정리해 보기 바랍니다.

1) ○○아르바이트 경험
2) ○○인턴 경험
예비) ○○공모전 경험

or

1) ○○전공 프로젝트 경험
2) ○○해커톤 경험
예비) ○○졸업작품 경험

여기 언급된 2가지 경험은 모두 고학년 때 경험이어도 좋고, 저학년 때 경험과 고학년 때 경험이 섞여 있어도 됩니다. 즉, '언제' 했던 경험이 더 중요하냐 보다는 '직무'에 적합한 경험을 선택하는 것이 중요합니다. 또한, 경험이 많다면 예비 경험을 하나씩 추가로 정하여 내용에 따라 교체하여 작성하는 것도 좋습니다.

전공을 살려 취업하려는 사람은 전공적 경험을 선택하는 것이 좋습니다.

이제 준비물이 갖춰졌으니, 본격적인 시나리오 작성을 시작해 보겠습니다.

다양한 버전의 자기소개가 있지만 그 기준은 어디까지나 '1분 자기소개'로 그 중심을 잡아야 할 것입니다. 그리고 가장 정형적으로 구성된 1분 자기소개를 기준으로 볼 때, 내용적으로 반드시 들어가야 할 사항은 다음과 같습니다.

첫째, 힘찬 인사와 지원 분야를 포함한 자신의 이름 밝히기.

둘째, 자신의 직무와 역량 및 성향이 표현된 의미 있는 도입부.(여기에는 여러분들이 선택할 수 있는 3가지 옵션이 있습니다)

셋째, 관련 경험의 요약과 직무에 대한 의지.

넷째, 직무와 관련해 또다른 경험을 중심으로 한 자신의 적합성 어필.

다섯째, 포부를 바탕으로 한 직무 중심 마무리.

여섯째, 끝났음을 알리는 멘트.

하나씩 구체적으로 보겠습니다.

첫째, 힘찬 인사와 지원 분야를 포함한 자신의 이름 밝히기:

면접관이 새로운 지원자를 만났을 때, 필수적인 확인요소는 지원자의 이름과 직무가 먼저입니다. 따라서 먼저 이 두 가지를 명확하게 표현하는 것으로 시작하는 것이 좋습니다.

"안녕하십니까? 기술영업직에 지원하는 박. 민. 철. 입니다."

인사는 '안녕하세요'보다 '안녕하십니까'가 더 씩씩한 표현입니다. 직무는 채용공고에 명시된 직무 명칭을 그대로 밝히면 됩니다. 이름을 말할 때는 한 글자씩 구분해서 정확하게 또박또박 표현합니다.

이 부분에서 지원하는 회사 이름과 학교와 전공 등은 굳이 언급될 필요가 없습니다. 어차피 그 기업에서 면접보는 것이고, 학교나 전공은 입사지원서에 모두 표시가 되어 있는 내용이기 때문입니다.

만일, 여러분이 앞두고 있는 면접이 블라인드면접(입사지원서 없이 진행되는 무자료 면접에서는 면접 당일 '38번' 또는 'A24번' 등 자신의 번호를 알려줍니다)이라면, 학교 이름과 나이 등 개인 신상과 관련된 정보는 언급하면 감점 처리 당하게 됩니다. 1분 자기소개의 내용에서 이를 습관화시켜 놓으면 나중에 곤란한 상황이 발생할 수도 있습니다.

입사지원서에 이미 명시가 되어 있더라도, 면접관의 관점에서 반드시 체크해야 할 사항이 있다면. 바로 지원자의 이름과 직무 분야입니다. 따라서 자기소개의 첫 시작은 이름과 직무를 명확하게 표현하는 것이 좋습니다.

또한 이때, 직무와 이름 사이에 자신의 특징을 강조하는 '특정한 말(형용사)'을 넣는 방법으로 강조 포인트를 줄 수도 있습니다. 예를 들어, '안녕하십니까? 영업직에 지원하는 「잘 뛰는」 김. 샛. 별. 입니다'와 같이 표현하는 것입니다. 이때 강조한 '특정한 말'은 이후에 연결되는 자기소개의 내용과 자연스럽게 연결할 수 있는 자료로 활용될 수 있습니다.

첫째 줄에는 기업 이름을 따로 명시하지 않아도 됩니다. 즉, "삼화산업 해외영업팀에 지원한~" 이러지 않아도 됩니다. 어차피 면접관들은 자기 기업 면접장에 찾아온 지원자가 말하는 모든 내용을 자기 기업에 맞춰진 내용으로 듣게 되기 때문입니다. 따라서, 제대로 된 시나리오 하나 만들어서 A기업, B기업, C기업 모두 써 먹을 수 있다면 그게 취준생의 경제성이기도 합니다.

공기업의 경우에도 최근 자기소개를 시키는 경우가 점점 많아지고 있습니다. 공기업은 블라인드 채용 규정을 준수하기에 절대로 이름을 말해서는 안 됩니다. 면접 당일에 자기한테 부여되는 번호를 알려줍니다. 그럼, "안녕하십니까. 38번 지원자입니다" 이렇게 표현하면 됩니다.

둘째, 자신의 직무와 역량 및 성향이 표현된 의미 있는 도입부:

이제 본격적인 말을 시작해야 합니다. 어떤 말이건 자연스러워야 합니다. 말이 자연스럽다는 것은, 앞의 말과 뒤의 말이 서로 연관성을 가지고 물 흐르듯 서로 연결이 된다는 의미이기도 합니다. 우리는 이미 위와 같이 자기소개의 첫 시작을 완료했고, 놀랍게도 3가지의 정보를 면접관에게 제공했습니다. 기억하나요? '직무'와 '특정한 말(형용사)'와 자신의 '이름' 이 세 가지가 바로 그것입니다. 따라서 이 세 가지 요소로부터 자기소개를 시작한다면 너무도 자연스러운 자기소개를 이어나갈 수 있습니다.

〈옵션 1: '역량'으로 말을 이어 나가는 경우〉

수시 채용 시대에서 역량 중심 채용이 대세입니다. 이와 같은 분위기를 반영해서 시작하는 자기소개 방법입니다.

"안녕하십니까. 안전관리 직무에 지원한 박. 은. 미. 입니다.

저는 철저한 기획력으로 합리적으로 일을 진행하고 성과를 만들어 왔습니다. 안전관리 직무에서도 철저한 안전요소 구성과 관리에 대한 기획이 필요합니다" 까지의 부분입니다.

가장 깔끔하게 시작할 수 있는 패턴입니다. 면접관의 입장에서도 추상적 태도가 아닌, 차후 추가적인 질문을 통해 검증이 가능한 역량 표현으로 무난하게 듣고 넘어갈 수 있습니다. 보통 이 부분에서 '저는 적극적인(or 배려심 많은/능동적인/공감하는 등) 사람입니다'와 같은 태도를 강조하는 사례가 너무 많습니다. 이와 같은 태도 표현은 너무 일방적 주장으로 비춰 질 수 있기에 주의해야 할 필요가 있습니다.

이 부분에서 말을 만들기 어렵다면 챗GPT의 도움을 받는 것도 좋습니다. '안전관리에서 기획력이 필요한 이유를 알려줘'와 같은 프롬프트를 활용해 보기 바랍니다.

〈옵션 2: '직무'로부터 말을 이어 나가는 경우〉

직무가 대세입니다. 이와 같은 분위기에서 강조되는 자기소개 방법입니다.

"안녕하십니까. 연구개발 직무에 지원한 한. 성. 현. 입니다.

제가 지원한 연구개발 직무의 본질이 있다면, 그것은 아마도 책임감이라고 생각합니다. 연구개발자가 자신이 개발하는 제품에 대한 책임감을 갖지 못한다면, 그 어떤 고객에게도 신뢰를 줄 수 없을 거라 생각하기 때문입니다. 저는 이 책임감을 실현시킬 수 있는 사람입니다" 까지의 부분입니다.

이해를 돕기 위해 이를 구조적으로 분석해 보면, '자신이 지원하는 직무의 본질 또는 의미 또는 가치 또는 핵심 또는 중요성 + 그렇게 생각하는 이유'의 말 만들기 방법입니다. 복잡하게 생각하지 말고 이 순서로 말을 구성해 보면 자연스러운 흐름을 알 수 있을 것입니다.

앞에서는 '태도'를 언급하지 말라고 강조했습니다. 하지만 일방적 태도가 아니라 자신이 지원하는 직무의 본질을 먼저 언급하고, 이어서 이를 태도로 연결시켜 자신이 이를 해낼 수 있는 적임자라는 '흐름'을 갖는 표현은 오히려 직무를 부각한 표현이기에, 직무 중심 관점에서 의미가 있다고 봅니다.

〈옵션 3: '직무적 성향'으로부터 말을 이어 나가는 경우〉

이 부분은 자신의 이름이 김희연이면, 김희연 '자신이' 가지고 있는 성향과 인식, 생각 등을 표현하는 방법이라고 말씀드리고 싶습니다. 즉, 단순하게 자신의 이름에 대한 한자 풀이와 같은 것이 아니란 말입니다.

"안녕하십니까. 구매 직무에 지원하는 김. 희. 연. 입니다.

그동안 저는 믿을 수 있는 사람이라는 말을 자주 들어왔습니다. 이런 평가를 들었던 이유는 자신의 일에서 기준을 철저하게 지키기 때문입니다. 구매 직무 또한 공정성 있는 계약을 통해 신뢰를 지키는 것이 중요합니다."

또 다른 샘플도 보도록 하겠습니다.

"안녕하십니까. R&D 직무에 지원하는 김. 경. 서. 입니다.
저는 그동안 함께하는 일에 집중해 왔습니다. 그리고 그 경험을 통해 타협과 인정이 조직의 성과를 이루는 기초임을 배웠습니다. 공동의 결과물을 만들어야 하는 R&D 직무 역시 타협과 인정이 중요할 것입니다."

특히, 이 두 번째 샘플은 일방적인 태도를 언급하는 것이 아닌, 자신의 직무와 자신의 성향을 자연스레 연결시켰다는 데 그 특징이 있습니다.

이해를 돕기 위해 이를 구조적으로 분석해 보면, '주변 사람들에 대한 자신의 대표적인 평가 또는 자기 행동의 속성 + 그렇게 평가받은 이유 또는 자신이 도전하는 직무와의 연결성 설명'의 말 만들기 방법입니다.

비록, 면접장에서는 순식간에 지나가는 말이겠지만, 하나하나 정성을 들이고 전략적으로 접근하는데 면접 합격의 열쇠가 있는 법입니다. 두 번째 줄 역시 위의 사례를 참조하여 구성해 보면 자연스러운 말의 흐름을 알 수 있을 것입니다. 중요한 것은 말을 너무 길게 하지 않는 것입니다. 아직도 더 만들어야 할 부분이 많이 남아 있기 때문입니다.

1분 자기소개는 그야말로 1분이라는 제한된 시간 동안 자신을 가장 효과적으로 표현하고 어필하면 되는 것입니다. 당연히 정답이란 것이 있을 수 없습니다. 위에서 3가지나 서로 다른 패턴의 도입부를 말씀드린 것 또한 이런 이유입니다. 자신에게 가장 적합한 도입부의 패턴을 골라, 그것부터 1분 자기소개의 프레임을 구성해 보는 것이 좋습니다.

셋째, 관련 경험의 요약과 직무에 대한 의지:

지원자가 면접장에서 제시할 수 있는 증거는 결국, 경험밖에 없습니다. 중요한 것은 이를 얼마나 설득력 있게 요약해서 설명하는가?와 이를 자신이 지원하는 직무와 어떻게 자연스럽게 연결하는가?가 바로 이 부분의 핵심입니다. 또한 앞의 말과 서로 잘 어울리며 자신의 콘셉트를 뚜렷하게 표현해야 하기에 중요한 부분이기도 합니다.

〈사례 1〉 · · · · · ·

"안녕하십니까? 공간 디자인 직무에 지원한 이. 건. 철. 입니다.

저는 창의적인 아이디어를 제시하는 능력을 발휘하여 문제를 해결해 왔습니다. 건축 설계에 있어서도 공간 활용에 대한 다양한 아이디어가 필요합니다.

실제로 저는, 실내건축 설계 전공 프로젝트에서 슬라이딩 패널이라는 아이디어를 적용하는 노력으로 A+라는 점수를 받았습니다. 그래서 저는 공간 디자인 업무에 있어서도 창의적 아이디어를 발휘할 자신이 있습니다.

〈사례 2〉 ······

"안녕하십니까? 신입 행원에 지원하는 김. 희. 제. 입니다.

그동안 저는 믿을 수 있는 사람이 되고자 노력해 왔습니다. 그래서 작은 약속일수록 더욱 더 철저하게 지키려 노력했습니다. 돈을 다루는 행원으로서 믿을 수 있는 사람이 된다는 것은 중요합니다.

실제로 저는, 학교 회계팀의 근로장학생으로서 행정 업무를 통하여 업무 매뉴얼과 시간을 지키는 노력으로 제가 가진 신뢰성을 확인할 수 있었습니다. 저는 앞으로도 신뢰라는 두 글자를 지켜나가는 행원이 되고 싶습니다."

이해를 돕기 위해 이를 구조적으로 분석해 보면, '실제로 저는'이라는 말로 시작해서 지금부터 경험을 말하겠다는 점을 예고하고, A경험에서 B와 같은 노력을 하여, C와 같은 성과/결과를 이루었음을 강조한 후, 이와 같은 역량과 성향을 발휘해 나가겠다는 의지를 강조하는 것입니다.

글로 쓰는 것과 자신의 입으로 말하는 것은 별개임을 명심해야 합니다. 글자로 만드는 것에만 집착하지 말고, 수시로 중얼중얼 말하는 것을 생활화하는 습관이 필요합니다.

넷째, 직무와 관련해 또 다른 경험을 중심으로 한 자신의 적합성 어필:

이제 1분 자기소개도 후반부를 향해 갑니다. 이제 마지막 '한 방'이 남아 있는데, 이 부분이 바로 직무를 중심으로 한 자신의 적합성을 '힘껏' 어필하는 부분입니다.

그리고 이때 중요한 것이 바로 그동안 준비했던 '나머지' 경험 즉, 직무 및 전공에 대한 그동안의 노력들입니다. 면접관의 관점에서는 오로지 경험을 통해 지원자를 검증할 수밖에 없습니다. 경험과 행동이야말로 지원자의 생각이나 신념 등 모든 내적인 가치 체계가 외부로 표현된 결과물이기 때문입니다.

면접 중 면접관들이 지원자들에게 수시로 "혹시 관련된 경험이 있다면 말씀해 주시겠습니까?"라고 반복적인 질문을 할 수밖에 없는 이유가 여기에 있습니다.

따라서, 1분 자기소개의 하이라이트라고 할 수 있는 이 부분 역시, 경험을 근거로 하여 표현이 되어야 훨씬 더 설득력을 갖게 된다는 사실을 분명하게 알려드리고 시작합니다.

〈사례 1〉 · · · · ·

"안녕하십니까. 금형설계 직무에 지원하는 조. 승. 현. 입니다.

저는 그동안 함께하는 일에 집중해 왔습니다. 그리고 그 경험을 통해 타협과 인정이 조직의 성과를 이루는 기초임을 배웠습니다. 공동의 결과물을 만들어야 하는 설계 직무 역시 타협과 인정이 중요할 것입니다.

창의적 공학설계 프로젝트를 진행했을 때도, 처음 배우는 CATIA를 함께 배우고 익혀 프로젝트에 적용하는 노력으로 최고의 성적을 받았습니다. 저는 앞으로도 함께 개발하며 노력할 것입니다.

마지막으로, 창원테크 설계팀에서 6개월간 산학협력 프로젝트를 진행했던 경험도 꼭 강조드리고 싶습니다. 이 경험은 설계 실무에서 3D CAD 중요성을 깨닫게 해주었고, 공학 설계 프로세스를 익힐 수 있었던 중요한 경험이기 때문입니다."

다른 사례도 보겠습니다.

"안녕하십니까. 해외무역 직무에 지원하는, 한 걸음 다가가 줄 아는 박. 선. 형. 입니다.

한 걸음 더 다가간다는 것은 제가 가진 가장 큰 특징입니다. 언제나 목표 중심적으로 생각하고 행동했기에 자격증 취득과 공모전 수상 등 성과를 달성할 수 있었습니다. 해외무역 업무에 있어서도 거래처에게 먼저 연락하는 용기가 필요합니다.

실제로 저는, 이와 같은 적극성을 발전시켜 이후 1년 동안 일했던 물류센터에서 가장 성실하게 일하는 아르바이트생으로 평가받아 보너스를 받은 경험이 있습니다. 진지한 협상을 통해 최선의 결과를 내야 하는 무역 현장에 있어서도, 저는 스스로의 성실함을 지키는 사람이 되겠습니다.

이에 더하여, 주식회사 삼화무역에서 현장 실습생으로 활동했던 업무 경험을 말씀드리고 싶습니다. 직접적 L/C 관련 업무를 진행하며, 무역의 본질은 결국 타이밍임을 배울 수 있었던 경험은 이 자체가 바로 제가 가진 차별성이 될 것입니다."

이해를 돕기 위해 이를 구조적으로 분석해 보면, '말의 자연스런 흐름을 위한 '접속사(마지막으로 or 이에 더하여 등)' + 자신의 대학생활 경험 중 직무와 관련된 가장 대표적인 경험 한 가지 요약 + 그 경험을 통해 깨닫고 또는 배우고 또는 얻었고 또는 발전시킨 직무와 관련된 실력이나 감각 등을 설명 + 그것이 왜 자신의 차별성 또는 강점인지 해설,의 구성 방식입니다. 이 순서로 말을 구성해 보면 자연스러운 흐름을 만들 수 있을 것입니다.

면접의 본질이 결국 자신의 강점과 차별성을 어필하는 속성을 가지고 있다면, 지원자 스스로 자신의 강점과 자신감을 분명하게 인식하고 면접에 접근한다면 좋은 인상을 주게 될 것입니다.

TIP

자신의 강점이나 차별성을 확실하게 강조하려면 "이것이 바로 저만의 강점입니다"라는 표현으로 강조할 수도 있습니다.

TIP

반드시, 인턴이나 현장실습 등 위대한 경험이 없어도 기죽을 것 없습니다. 여러분들은 이미 서류가 통과되어 면접장에 가는 것입니다. 자기소개서에 명시된 경험들을 찬찬히 돌아보고 최선으로 어필할 수 있는 자료를 찾아보시기 바랍니다.

다섯째, 포부를 바탕으로 한 직무 중심 마무리:

이제 마무리 단계입니다. 지금까지 체계적으로 1분 자기소개의 구조를 만드는데 공을 들여왔다면, 이를 잘 마무리하는 것도 정말 중요한 문제입니다.

1분 자기소개의 마무리는 앞으로 어떻게 일하고자 하는 사람이 되고 싶은지, 어떻게 평가받는 사람이 되고 싶은지 등 미래에 대한 포부로 끝나는 것이 가장 명쾌한 방법입니다. 따라서 여러분들도 마무리 단계에서 구질구질하게 부가 설명을 붙여 끝을 흐리지 말고 단순하며 명료하게 1분 자기소개를 마무리하는 지혜를 발휘해야 할 것입니다.

"저는 앞으로, 제 개인의 실력이 아닌, 동료들과 함께하는 실력으로 인정받는 실무자가 되겠습니다."
또는,
"저는 앞으로 '근성'이라는 두 글자로 자신의 기준을 만드는 개발자가 되겠습니다."
또는,
"저는 앞으로 현장에서 실력을 인정받는 엔지니어가 되겠습니다."

이와 관련된 수만 가지 변형이 있을 것 같습니다. 그래서 이 부분은 굳이 구조화하여 설명하지 않고, 여러분들에게 맡기도록 하겠습니다.

마지막, 끝났음을 알리는 멘트:

이제 1분 자기소개의 구성과 관련된 모든 내용이 끝났습니다. 역시 세상 모든 일은 시작도 중요하지만 마무리도 중요한 것 같습니다. 자신의 1분 자기소개가 완전하게 종료되었음을 면접관에게 인지시켜 주는 것이 좋습니다. 아니면, 면접관이 "이상호 씨, 자기소개 끝난 거 맞아요? 끝났으면 끝났다고 하셔야죠?"라고 오히려 시비(?)를 걸어오는 수도 있습니다.

모든 자기소개를 말했다면 마지막으로 '이상입니다' 또는 '감사합니다'라고 말하여 자기소개가 모두 종료되었음을 알려주는 것이 좋습니다.

그럼, 지금까지의 내용을 모아 한 편의 제대로 된 1분 자기소개 스크립트를 구성해 보도록 하겠습니다. 이 책을 보는 독자들 모두 저마다의 지원 분야와 경험과 조건이 다르겠지만, 그래도 적절한 샘플을 통해 기준을 잡아보는 것은 중요한 일인 것 같습니다.

일단, 각 요소를 구성하여 풀버전을 만들어보고, 자꾸 소리 내서 중얼거리며 말을 줄이거나 늘이는 등 편집해서 사용해야 합니다.

시작하기 전에 먼저 자신의 스마트폰을 켜고 스톱워치 기능을 준비해 보시기 바랍니다. 그리고 아래에 샘플로 제시된 1분 자기소개를 누군가에게 말하듯이 읽어보며 시간을 확인해 보기 바랍니다.

TIP

1분 자기소개 분량은 50초~55초 정도로 잡는 것이 좋습니다. 아무리 완벽하게 준비한다고 해도 면접장에서 느끼는 긴장감 때문에 순간적으로 말을 더듬거리고, 말이 꼬이는 순간도 있기 때문입니다. 정말 까다로운 기업은 스톱워치를 켜고 시간을 재서 1분이 초과되면 중단시키는 기업도 있습니다.

"안녕하십니까? 연구개발 직무에 지원하는 적극적인 이. 진. 철. 입니다.

그동안 저는 믿을만한 사람이라는 말을 주변의 지인들에게 자주 들어왔습니다. 이런 평가를 들었던 이유는 자신이 하는 일에 보다 집중했기 때문입니다. 연구개발 현장에서도 신뢰성 있는 제품을 만드는 것은 중요합니다.

실제로 저는, 3학년 때 학술 토론대회의 자료를 수집할 때에도 제가 담당한 리보핵산 관련 논문들을 정리하여 좋은 결과를 만들어 냈습니다. 이와 같은 집중성은 무수한 시행착오를 반복해야 하는 실험 상황에서 최적의 데이터를 도출하는 데 많은 도움이 될 것입니다.

마지막으로, 한국과학기술협회에서 6개월간 경험한 인턴 경험을 꼭 강조드리고 싶습니다. 이 경험은 기업의 연구개발에 있어서 GMP의 중요성을 깨닫게 해주었고, 이런 현장 감각을 배울 수 있었던 소중한 경험이기 때문입니다.

저는 앞으로 믿음이라는 두 글자로 자신의 기준을 만드는 개발자가 되겠습니다.

감사합니다."

마지막으로 하나 더 보겠습니다.

"안녕하십니까? 영업관리 직무에 지원한 이. 진. 희. 입니다.

저는 우선순위를 정하여 일을 처리하는 능력을 제 강점으로 키웠습니다. 다양한 매장을 관리하는 영업관리 직무에 있어서도 체계적인 일처리는 중요합니다.

실제로 저는, 화장품 매장에서 일할 때 고객관리와 재고관리 업무를 중요도에 따라 처리하는 노력으로 가장 일 잘하는 아르바이트생으로 인정받았습니다. 그래서 저는, 제가 담당하는 매장별 특성에 맞춰 영업관리 직무도 잘해 낼 것입니다.

이에 더하여, 총 4번의 편의점 아르바이트 경험과 삼전산업 마케팅실 인턴 경험도 강조하고 싶습니다.

이 경험을 통하여 고객의 특성을 파악하고 데이터 분석 실력을 쌓을 수 있었기에 저에게는 소중한 경험들입니다.

저는 앞으로 현장에서 매출 목표를 달성하는 실무자가 되겠습니다.

이상입니다.”

시간 재 보셨나요?

위의 지원자는 준비된 사람으로 인정받을까요? 아니면, 준비되지 않은 지원자로 인정받을까요? 또한, 위의 지원자는 이력서 상에 뻔히 언급된 스펙들만 나열하고 있나요? 아니면, 자신의 직무와 관련된 역량과 그 의지에 관련된 이야기를 하고 있나요? 그리고 쓸데없는 막연한 자신감만 표출하고 있나요? 아니면, 자신의 경험을 기반으로 한 강조 포인트를 제시하고 있나요?

이것이 바로 1분 자기소개 스크립트의 힘입니다. 이렇게 많은 분량을 할당하며 설명할 정도로 면접 초반부에 진행되는 너무도 중요한 순간이고, 여러분들의 첫인상을 결정짓는 중요한 요소입니다. 하지만 이와 같은 중요성에 비해 1분 자기소개 스크립트를 제대로 구성하는 방법을 알려주는 강의나 교재 또는 유튜브 채널을 저는 아직까지 보지 못했습니다.

그 아쉬움을 담아 이 책에서 확실하게 알려드리니 부디 여러분만큼은 철저하게 준비하기 바랍니다.

> **TIP**
>
> **물론 자기소개의 정답은 없기에, 바라보는 시각에 따라서는 개성 없고 단순하게 보일 수도 있습니다. 하지만 여기서 소개한 자기소개 시나리오는 적어도 직무 중심, 역량 중심, 경험 중심 이렇게 3가지 핵심요소로 이루어진 표현이라는 것은 분명합니다. 즉, 면접관의 평가요소에 부합되는 내용으로 이루어져 있다는 것입니다.**

만일 보다 더 톡톡 튀고 개성적인 자기소개에 집착한다면, 자극적 내용을 넣어서 훨씬 더 독특한 자신만의 작품을 만들어보기 바랍니다. 하지만 신중해야 합니다. 취업에는 '정답'은 없지만 '기준'은 존재합니다. 그리고 그 기준은 어디까지나 면접관의 시각으로 접근할 수밖에 없음을 꼭 기억하기 바랍니다.

면접관의 입장에서 '이 지원자는 나름대로 신경 써서 준비했구나'라는 인상을 느낄 수 있도록 표현하는 것이 중요합니다. 면접 초반에 자기소개 하나 제대로 준비하지 못한 사람으로 보인다면, 처음에 보였던 지원자의 좋았던 그 첫인상이 그대로 유지될 수 없다는 사실을 명심해야 할 것입니다.

기업에서 면접 시 요구하는 자기소개의 다양한 패턴은 의외로 다양합니다.

- 짧게(30초간) 자기소개를 부탁드립니다.

- 본인의 성격의 장단점을 중심으로 자기소개를 부탁드립니다.

- 본인의 대표적인 강점 두 가지를 중심으로 자기소개를 부탁드립니다.

- 사물에 비유하여 자기소개를 부탁드립니다.

- 성장 과정을 중심으로 자기소개를 부탁드립니다. (특히, 임원 면접에서)

- 영어로 자기소개를 부탁드립니다. (Let me introduce yourself, in English. Don't speak Korean)

- 자기소개를 부탁드리는데요, 준비해 온 거나 외운 것은 하지 마세요!

대박!

나머지 것은 그렇다 쳐도 마지막에 외우지 말라는 것은 어떻게 이해해야 할까요? 그동안 이 고생하며 열심히 준비했던 모든 것을 포기하고 운이 없음을 한탄하며, 현장에서 애드립을 쳐야 할까요?

아닙니다. 긴장되는 면접장에서 현장에서의 애드립이란 결코 있을 수 없습니다.

해결책은 의외로 간단합니다. 외우지 않은 '척' 하면 됩니다. 앞에 거울을 보며 외우지 않은 척 '연기'해 보시기 바랍니다. 제가 무슨 말을 한 건지 금방 알게 될 것입니다.

TIP

외우지 않은 척하는 방법은 3가지가 있습니다.

1) 서두르지 말고, 또박또박 정확하게 발음합니다.

2) 자신의 말하기 호흡에 따라 적절한 부분에서 중간 중간 끊어서 말합니다.

3) 강조하고 싶은 단어나 표현은 그 부분에서 힘을 주어 말합니다.

철저하게 자신만의 스크립트를 만들어 확실하게 연습하는 것이, 1분 자기소개의 장벽을 극복하는 방법이자 준비된 지원

자의 모습을 보여주는 방법이라는 사실을 확실하게 인식하여
야 합니다.

이렇게, 자기소개가 끝나고 나면 이제 지원자가 제출한 입사
지원서의 내용을 바탕으로 한 몇 가지 질문들이 이어집니다. 몸

풀기 질문부터 사실확인 질문까지 그야말로 진짜 면접이 진행되는 것입니다.

30초 자기소개 또는 짧은 자기소개를 요청하는 기업도 많습니다. 이런 경우에는 기존의 1분 자기소개 버전 이외에 또 다른 버전을 만들면 오히려 헷갈리게 됩니다. 준비 방법은 간단합니다. 우리가 만든 시나리오를 줄여서 사용하면 됩니다. 아래의 사례를 참조하여 여러분도 미리 만들어 준비하기 바랍니다.

〈사례〉 · · · · · ·

"안녕하십니까? 영업관리 직무에 지원한 이. 진. 희. 입니다.

저는 우선순위를 정하여 일을 처리하는 능력을 제 강점으로 키웠습니다.

실제로 저는, 화장품 매장에서 일할 때 고객관리와 재고관리 업무를 중요도에 따라 처리하는 노력으로 가장 일 잘하는 아르바이트생으로 인정받았습니다.

그 밖에 다양한 경험을 통하여 쌓은 고객 특성 파악 능력과 데이터 분석 실력으로, 앞으로도 현장에서 매출 목표를 달성하는 실무자가 되겠습니다.

이상입니다."

2) 입사지원서 기반의 질문 구성

누구나 잘 알고 있는 것처럼 면접의 형식은 질문과 답변이라는 너무나 심플한 구성요소를 가지고 있습니다. 물론, 발표나 토론의 형식으로 진행되는 변형된 면접 형식도 있습니다. 하지만 이는 기본이라는 관점에서는 벗어나 있고, 다른 책에서 별도로 다룬다고 했으니 일단은 질문과 답변이라는 기본요소에 초점을 맞춰야 할 것 같습니다.

그렇다면,

면접관들은 '어떤' 질문을, '왜', 그리고 '어떻게' 할까? 라는 궁금증을 해결하는 것이 우선이 되어야 할 것 같습니다.

면접 초반의 상황을 가정해 보도록 하겠습니다. 1분 자기소개 이후 뭔가 위기를 넘겼다는 안도감을 느끼는 지원자들에게, 또는 자기소개 망했다라는 상실감을 표정에 드러내는 눈앞의 지원자들에게 면접관이 할 수 있는 가장 좋은 질문은 입사지원서를 기반으로 한 질문입니다.

물론 면접관이 지원자의 입사지원서를 볼 수 없는 블라인드 면접의 경우에는 "아까, 자기소개에서 말했던 학생회 활동에 대해서 질문 드리겠습니다"라고, 지원자가 말했던 자기소개의 내용으로 면접 질문이 시작되는 경우도 있지만, 일반적인 면접 시스템에 있어서는 입사지원서에 작성된 내용을 중심으로 이것 저것 물어보는 질문들이 면접 초반에 중심을 이룹니다. 그리고 보통의 경우에는 자기소개서의 내용보다는 이력서에 명시된 내용이 먼저 시작됩니다.

그럴 수밖에 없는 이유는, 일단 면접관의 관점에서 이력서가 먼저 보기에 편하고, 일부러 어려운 질문부터 할 필요가 없기 때문입니다. 면접관 자신들도 과거에 이미 겪었던 면접의 과정인 만큼, '어디 지금부터 본격적으로 시작해 볼까? 초반부터 괜히 애들 기 죽이지 말고 이런 질문이라면 답변하는데 그리 문제는 없겠지?'라는 나름대로의 배려도 있기 때문입니다.

> ＊질문에 '＊' 표시가 있는 것은 이 책의 'Part3'에서 별도로 질문의도와 답변 구성법을 설명하고 있습니다.

(1) 이력서 기반의 질문들

가. 인적사항 관련 질문

지원자의 기본적인 신상명세가 들어 있는 인적사항은, 이력서에서 가장 먼저 시작되는 부분입니다. 보통 사진이 함께 있기 때문에 시각적으로도 가장 먼저 면접관의 눈에 들어옵니다. 면접관의 입장에서는 가벼운 질문이라고 생각하는 질문들을 여기에서 뽑아내게 됩니다.

A. 이름

- 이름이 예쁘다 / 멋지다. 어떤 뜻이 있는가? (D건설)

- 누가 지어주신 이름인가? (S은행)

- 한자가 특이하다. 쓰는데 어려움은 없는가? (이력서에 한자 표기를 명시하고 있는 H그룹)

- 흔한 이름이라서 그동안 힘들지 않았는가? 동명이인이 많았을 것 같다. 어땠나? (D제약)

- 내가 아는 사람 이름하고 똑같다. 자기 이름하고 똑같은 사람을 만나본 적이 있는가? *(C물류)

- 이름이 유명 연예인 이름하고 똑같다. 유명인 하고 이름이 같은 것은 좋은 점이 많은가 나쁜 점이 많은가? (K통신)

- 영어로 이렇게 표기하는 거 맞나? 아닌 거 같은데. (W엔터테이먼트)

- 등등

보시다시피 지원자들의 긴장을 풀어주기 위한 가벼운 질문들이 대부분입니다. 지원자가 당황하여 갑자기 울어버리거나, 갑자기 화를 내며 면접관의 멱살만 잡지 않는다면 어떠한 답변을 해도 사실 별 의미는 없습니다.

B. 주소 / 현주소 / 본적

- 이 지역에서 오래 살았던 것 같다. 사는 곳을 벗어나 보고 싶은 생각은 없었는가? (D증권)

- 여기 출신은 처음 본다. 그 지역 자랑을 좀 해봐라. (L유통)

- 이사 온 지 얼마 안 된 것 같다. 짧은 기간이지만 살아보니 무엇이 좋은가? (S보험)

- 이 지역에서 가장 유명한 것은 무엇인가? (E유통)

- 혹시, 그 지역에 A(유명 관광지 또는 유명 맛집 등)이 있지 않은가? 나도 거기 가봤다. 그 지역 사람도 거기 자주 가는가? (J엔지니어링)

- 집에서 우리 회사까지 얼마나 걸리는가? *(U정보통신)

- 이제 취업하면 그 지역을 떠나야 하는데, 혼자서 독립할 자신이 있는가? 앞으로 거주계획이 어떤가? (H공기업)

- 등등

역시 가벼운 질문들이 대부분입니다. 하지만 예외적으로 출퇴근 가능성을 물어보는 질문들은 채용에 밀접한 관련성을 미치는 질문이므로, 지방 거주계획과 출퇴근 이동 동선 등을 미리 준비하여 신중하게 답변을 하여야 합니다.

C. 학력사항

– 학교의 역사가 얼마나 됐는가? (N식품)

– 여고와 여대를 나왔는데, 어떤 특별한 이유가 있는가? (H패션)

– 보니까, 다들 집에서 멀리 떨어진 학교를 다녔다. 어렵지는 않
았는가? (L그룹)

– 최근 뉴스를 보니 학교에 문제가 있었던 것 같은데, 잘 해결됐
는가? (S식품)

– 전공을 선택한 이유가 무엇인가? 원래부터 목표로 했던 전공
인가? (S반도체)

– 전공명이 매우 독특하다. 전공 소개 좀 해달라. (S은행)

– 본인 전공과 전혀 무관한 직무에 지원했다. 전공에는 관심이
없었는가? *(H기술개발)

– 전공에서 가장 어려웠던 과목하고, 재미있었던 과목은 무엇이
었나? (L기업)

– 전공이 본인 직무에 어떻게 도움이 된다고 생각하는가? (S
유통)

– 전공에서 배운 것들을 앞으로 어떻게 활용할 수 있을까요? (O
그룹)

– 학점이 좋다. 전공이 본인하고 잘 맞았는가? (D건설)

– 부전공/복수전공을 한 이유는 뭔가요? 본 전공과 함께 공부하
기 어렵지는 않았나요? (C엔터)

- 휴학을 두 번이나 했는데, 특별한 이유가 있는가? (H투자증권)

- 고등학교 졸업하고 대학교 입학까지 공백이 있다. 어떤 특별
  한 이유가 있는가? (M보험)

- 남들보다 학교를 오래 다녔다. 왜 일찍 졸업하지 않았는가? (L
  건설)

- 학점도 좋고, 학부 연구생도 했는데 왜 대학원에 가지 않았는
  가? (J반도체장비)

- 등등

마찬가지로 가벼운 내용으로 질문이 구성됨을 볼 수 있습니다. 면접관이 이 부분에서 가장 집중하는 것은 학력사항의 공백 기간입니다. 재수를 했던 기간이나 휴학을 했던 기간은 면접관의 관점에서 보면 일정해야 하는 패턴이 어그러져 있는 모습입니다. 따라서 그 공백의 이유와 그 기간 동안의 활동에 대하여 반드시 확인을 하는 것이 면접관의 속성입니다.

출신 학교와 관련된 질문은 사실 거의 나오지 않는 경우가 많은데, 그 이유는 이미 서류에서 검증 단계를 끝냈기 때문입니다. 즉, 학교가 채용 여부에 직결되는 문제성을 가졌다면 이미 서류심사에서 탈락했을 것이라는 말입니다.

따라서 만에 하나, 면접관이 출신 학교에 대한 어떤 내용으

로 시비를 걸더라도 그것은 전혀 문제가 되지 않음을 염두에 두고 침착하게 답변을 구성하여 대응하면 될 것입니다.

또한 지원자의 전공(특히 융합전공, 자유전공 등)이나 학과의 이름이 특이하게 보이면 이 부분 역시, 전공이나 학과의 세부적인 설명을 요청하거나, 지원 이유를 반드시 물어본다는 것도 알고 있어야 합니다.

D. 취미, 특기

- 열대어 사육, 취미가 독특하다. 이것도 뭐 동호회 같은 것이 있는가? (S통상)

- 특기가 바이올린 연주라고 했는데, 가장 잘 연주할 수 있는 곡이 무엇인가? (S그룹)

- 취미도 요리, 특기도 요리 같은 걸 쓴 이유가 뭔가? (O식품)

- 특기를 없음이라고 썼는데, 특별한 이유가 있는가? (J테크놀로지)

- 특기가 성대모사라고 써 있다. 본인 잘하는 거 한번 시켜봐도 되는가? (D증권)*

- 등등

가벼운 질문으로 진행되는 경우가 대부분입니다. 다만 사실성을 확인하기 위하여 취미 등의 구체적인 경험을 물어보는 경우가 있으며, 공교롭게도 질문하는 면접관 역시 지원자와 같은 취미를 가진 사람이라면, "건프라가 취미네요. 본인이 생각하는 최고의 제품이 뭐예요?" 라든가, "그렇게 하지 않아도 되잖아요. 요즘은 언더게이트가 대세니까요 안 그래요?"와 같은 마니아틱한 질문들이 오고 가며 공감대를 형성하는 경우도 있습니다.

그 밖에도 영업과 같이 적극성을 필요로 하는 직무에 지원하는 지원자의 취미가 '독서'나 '바둑'과 같은 정적인 취미로 기재되어 있을 때는 이에 대한 확인 질문을 하는 경우가 있습니다.

또한, 위에서 말한 성대모사 같은 경우에는 면접 현장에서 직접 시켜보는 경우도 정말 '가끔은' 있으니 긴장하셔야 합니다. 이건 위에서 말한 상황과 반대되는 상황으로 취미는 적극적인데 면접장에서 보이는 지원자는 소극적인 모습일 때, 이에 대한 일치성을 확인하고자 하는 것입니다.

TIP

만일 면접장에서 뭔가 시키거나 해보라고 하는 것이 스트레스라면, 이력서 작성 단계에서 취미를 '암벽 등반'이나 '스쿠버다이빙' 등으로 작성하기 바랍니다. 이런 경우에는… 음…. 절대로 시킬 수 없겠죠.

나. 활동 경험(경력) 및 자격증 등 기타 질문

면접관의 관심이 가장 집중되는 부분입니다. 특히, 직무와 연관성을 갖는 경험이 있다면 그 경험을 집중적으로 파악하게 됩니다. 이때는 하나의 질문으로 끝나는 것이 아닌, 꼬리에 꼬리를 무는 질문 형태가 일반적입니다.

A. 활동 경험

- 전공 공부도 바빴을 텐데, 학생회를 한 이유가 무엇인가? (H 건설)

- 아르바이트 기간이 모두 짧다. 어떤 이유가 있는가? (M종합 금융)

- 학교 행정실에서 아르바이트를 했는데, 왜 학교 밖의 더 다양한 아르바이트에 도전하지 않았는가? (D식품)

- 중국 교환학생 기간 동안 가장 어려웠던 것은 무엇인가? (H자동차)

- 활동했던 동아리가 독특하다. 어떤 모임이었는지 자세히 말해봐라. (S은행)

- 공모전을 준비하는 데 있어, 본인이 맡은 역할은 무엇이었나? (A화장품)

- 등등

이 부분에서는 정말 많은 질문들이 나올 수 있습니다.

이 부분에 있어서 유의할 사항이 있습니다. 경험 중심의 질문을 받다 보면, '어. 저건 자기소개서에 쓴 건데, 왜 물어보지?'라는 의문을 가질 때가 있다는 것입니다. 즉, 자기소개서에 써 있는 데도 불구하고 그걸 다시 물어보는 이유는 의외로 간단합니다. 면접관이 읽어보지 않았기 때문입니다!

즉, 모든 면접관들이 지원자의 자기소개서를 꼼꼼하게 모두 다 읽는 것은 아니라는 사실을 미리 알고 있어야 당황하지 않습니다. 자기 고집대로 아예 입사지원서를 보지 않고 질문하는 면접관도 있고, 읽어보긴 했지만 기억을 하지 못하는 면접관도 있습니다. 사실, 면접관의 관점에서 지원자들의 자기소개서는 다 비슷비슷한 내용들로 구성되어 있고, 더군다나 글자 수 또한 많아서 눈에 잘 들어오지 않는 경우가 많습니다.

그래서 대부분의 초짜 면접관들은 면접 때, 마치 공부하는 사람들처럼 여러분은 보지 않고 입사지원서만 밑줄 쳐 가며 주구장창 들여다보거나 노트북만 뚫어지게 쳐다보는 경우도 많습니다.

이와 같이, 만일 자기소개서에 나와 있는 사항임에도 불구하고 면접관이 그 부분을 질문을 하는 경우에는, '제가 자기소개서에도 이미 썼다시피~'라는 말은 절대로 하지 않는 것이 좋습니다. 면접관의 관점에서 '뭐야. 내가 읽어보지 않은 걸 지적하는 거야? 뭐야?'라는 괜한 오해를 불러일으킬 수 있기 때문입니다. 이럴 때는 그냥 성실하게 자기소개서의 내용을 압축해서 생전 처음 받아보는 질문에 답변하는 것처럼 대응하는 것이 훨씬 더 좋은 방법입니다.

이력서를 중심으로 하는 학창생활 및 활동경험 기반의 질문들을 살펴보면 한 가지 공통적인 사항을 발견할 수 있습니다. 면접관이 물어보는 포인트에 특정한 공통점 또는 법칙성이 있다는 것입니다. 이는 사람이 뭔가를 결심하고 그것을 실행해서 결과를 만드는 과정이 특정한 공통점을 갖기 때문입니다. 아래에 제시된 그림을 보면서 설명 드리도록 하겠습니다.

그림 1. 기업에서 파악하고 있는 지원자들의 일반적인 경험 진행 프로세스

① 설명 요청

면접관이 관심을 갖는 것은 쓸데 있는 경험, 다시 말해, 직무와 연관성을 갖는 경험입니다. 물론 전공과 직무가 일치하는 지원자라면 전공적 경험에도 관심이 있습니다. 즉, '경험 명칭을 보니 쓸데 있는 경험 같은데 내가 생각하는 경험이 맞나? 한번 확인해 볼까?'라는 의도로 물어보는 첫 단계의 질문입니다.

② 의도(이유) 파악

사람이 뭔가를 하기 위해 마음을 먹었다면, 반드시 의도 또는 이유가 있어야 합니다. 이와 같은 의도는 능동적인 의도와 수동적인 의도로 구분할 수 있겠습니다. 예를 들어, 직무에서 이루어지는 현장 경험을 해보고 싶었다는 것이 능동적인 의도라면, 교수님의 지시에 의해서, 라는 것은 수동적인 의도가 되겠습니다. 이 의도 부분은 지원자의 의지와 생각을 확인할 수 있는 부분이므로 면접관이 그 내용에 집중하는 부분입니다.

③ 목표 설정

뭔가에 도전하기로 결심했다면, 그 다음 단계는 달성하고자 하는 목적을 설정하는 것이 다음 순서입니다. 즉, 해외여행에 도전하기 위해서 여행비용 200만 원을 벌겠다 또는, 이번에는 반드시 기업 분석 공모전에서 장려상 이상의 결과를 내겠다, 라는 구체적인 목표가 나와야 한다는 것입니다. 기업에서 일하는 모든 실무자들은 각자의 업무에 있어서 달성 목표를 설정하고 근무에 임합니다. 이와 같은 방식을 그동안 자연스레 익혀온 면접관의 입장에서는 지원자가 어떤 목적과 목표를 설정했는지 습관적으로 관심을 가질 수밖에 없습니다.

④ 계획과 역할

자신이 도전해야 할 목표가 설정됐다면, 이제는 계획을 짜야 합니다. 여러 명이 진행하는 일이라면 역할도 분배해야 합니다. 계획을 짜는 과정을 보면 지원자의 성향을 알 수 있는 부분이 많습니다. 면접관의 관점에서는 지원자가 가진 계획의 현실성과 전략적 마인드의 존재성을 확인해 볼 수 있는 좋은 재료가 되기 때문입니다.

팀을 이루거나 복수의 사람들이 함께 추진하는 일의 경우에는 역할의 배분도 중요합니다. 왜 그 역할을 담당했는지?, 역할을 나누는 데 어떤 영향을 미쳤는지?, 그리고 그 배분에 정당성과 타당성을 가지고 있는지? 등에 대한 지원자의 인식을 확인해 볼 수 있기 때문입니다.

⑤ 실행

이제 머리로 하는 순서가 끝났다면, 몸을 움직일 차례입니다. 지원자가 직접 몸을 움직여 상황을 판단하고, 그 상황 속에서 최적의 판단과 결정으로 처음 정했던 목표를 현실화시키는 단계가 바로 이 과정입니다. 특히 이 부분은 디테일한 행동의 단위들로 구성되어 있기 때문에, 면접관의 관점에서 가장 파악할 것이 많은 부분이기도 합니다.

면접관들은 크게 두 가지 포인트를 설정하여 지원자의 실행 부분을 집중적으로 검토하는데, 그 첫 번째 포인트는 일의 효율성 추구 여부입니다. 즉, 그 일의 실행을 얼마나 효과적으로 실행하려 했는가, 라는 의문을 갖는 것입니다. 이 부분에 초점을 맞춰 바라보면 각 상황에 대한 지원자의 판단 기준과 주어진 자원의 효율적인 배분은 물론 실행에 대한 의지까지 종합적으로 확인하고 판단할 수 있습니다.

두 번째 포인트는 함께 일하는 협업의 마인드의 존재성 여부입니다. 일의 진행 상황에서 각 상황을 팀원 또는 구성원들과 어떻게 협업했으며, 상대의 의견을 어떻게 수용하고 자신의 의견을 조합하려 했는지에 초점을 맞춰 지원자를 바라보면, 조직 속에서의 구성원으로서 지원자의 생각과 판단 기준을 역시 종합적으로 확인하고 판단할 수 있습니다.

⑥ 어려움(시행착오)

상대적으로 경력도 많고 나이도 많은 면접관의 관점에서 지원자인 여러분들은 아쉽게도 아직은 '학생'이자 '애들'입니다. 물론 자신의 좋은 부분을 가장 돋보여야 하는 것이 면접의 속성이지만, 지원자들의 경험은 면접관의 관점에서 '미숙'이라는 전제가 붙게 되는 것입니다.

따라서 면접관이 바라보는 지원자의 경험은 완벽할 수 없기에 그 경험의 과정에서 시행착오와 예상치 못한 돌발상황, 또는 계획의 차질과 같은 어려움의 요소를 반드시 확인하고자 합니다. 그리고 이를 통해 지원자의 상황 대응력이나 판단력 그리고 의사결정 감각 등을 확인하고 평가할 수 있습니다.

⑦ 원인/핵심 분석과 깨달음(인사이트)

면접관의 관점에서는 당시 그 상황에서 지원자가 어려움과 시행착오의 핵심이 무엇이었는지를 파악하고 있었는지 확인하는 것도 중요합니다. 그 핵심이 다음에 이어질 재실행의 핵심적 동기를 구성하기 때문입니다.

또한 그 경험을 통해 지원자가 깨닫거나, 느끼거나, 배우거나, 얻거나, 발전시키거나, 결심하는 의미를 파악하는 것도 필요합니다. 세상의 모든 경험이 중요한 까닭은 그 경험을 통한 주관적인 인식을 정립할 수 있기 때문입니다. 아무리 사소한 경험이라도 그것을 경험한 사람에게 그 경험을 통해 어떤 의미가 부여된다면 그 자체로 누가 뭐라 할 수 없는 온전한 경험이 완성되는 것입니다.

따라서 면접관 역시 그 당시 지원자가 느낀 이와 같은 주관적 인식을 파악하려 합니다. 즉, '막상 해보니 잘 안 됐지? 그래. 니 나이 때는 원래 그런 거야. 그래서 배운 게 뭐야?' 라는 일종의 바람이 형성되는 것입니다.

TIP

이때 배우고 느낀 것을 답변할 때에는 태도나 인생보다는 역량적 관점으로 접근하는 것이 더 좋습니다. 즉, '서로 위해 주고 챙겨 주는 관심의 소중함을 배웠습니다' 보다는 '오차율을 최소화하기 위해서는 기초설계가 얼마나 중요한지 배웠습니다'가 더 좋은 답변입니다.

⑧ **재실행**

다시 도전하는 재실행의 과정에서 무엇이 실제적으로 어떻게 바뀌게 되었는지 그 과정을 확인하는 것은 면접관이 가장 중점을 두고 관찰하는 부분입니다. 재실행의 과정이 없다면 이전의 모든 과정들이 무의미해지기 때문입니다. 이 과정을 통해 실행의 과정은 위에서 말한 '실행'의 두 가지 포인트인 일의 효율성 추구 여부와 함께 일하는 협업의 마인드의 존재성 여부가 그대로 다시 한번 적용됩니다.

⑨ **결과**

세상의 모든 일에는 결과가 존재합니다. 만일 결과가 없다면 그것은 아직 완료되지 않은 일일 뿐입니다. 지원자의 이력서에 시작과 끝의 기간이 명시되어 언급된 모든 경험들은 그래서 반드시 나름대로의 결과를 가지고 있습니다. 면접관이 집중하는 부분이 바로 이것입니다.

기업에서 일하는 실무자의 관점에서 결과는 크게 '정량적인 평가'와 '정성적인 평가' 두 가지로 구분됩니다. 예를 들어, 120만 원의 수익을 올렸다 또는 15명의 신규회원을 더 확보할 수 있었다는 것이 정량적 결과라면, 이와 같은 새로운 서비스를 제공하여 고객들의 더 많은 만족을 이끌어낼 수 있었다, 라는 것이 정성적 결과입니다.

중요한 것은 면접관은 물어보지 않아도 지원자가 꼭 자신의 결과를 이야기할 수 있어야 한다고 생각한다는 것입니다. 결과 없는 일과 행동은 없다는 것을 그동안의 업무 습관을 통해 잘 알고 있는 사람들이기 때문입니다.

⑩ 만족

결과에 대한 주관적 판단 기준을 만족이라 말합니다. 즉, 좋았냐 좋지 않았냐? 만족했느냐? 만족하지 못했느냐?를 파악하여 지원자가 가진 결과에 대한 인식을 확인해 보는 것입니다. 지원자의 답변에 따라, '너무 쉽게 만족하는 거 아니냐?' 또는 '너무 욕심이 많은 거 아니냐?'라는 추가적인 질문이 얼마든지 들어올 수 있습니다.

지원자가 가진 결과의 책임성을 파악하기 위한 면접관의 질문이므로 명확한 자신의 주관성을 흔들림 없이 표현하는 것이 중요합니다.

이와 같은, 경험 진행의 프로세스는 위에서 설명한 것처럼 각 요소 요소가 모두 질문으로 전환될 수 있음을 유의하여야 합니다. 각각의 면접관이 마음만 먹는다면 정말로 별별 다양하고 무수한 질문들이 생성되겠지만, 여기에서는 그 다양성보다는 공통점을 찾아 대비하는 전략을 세워야 할 것 같습니다. 다행히도 면접관들은 지원자의 경험을 물어보고 확인하는 상황에서 일정한 질문의 패턴을 가지고 있습니다. 이제는 제법 흔해진 'STAR' 질문 기법이 바로 그것입니다.

다. 'STAR' 질문 기법

이 'STAR' 질문 기법은 대한민국 면접관이라면 모두 다 알고 있는 내용입니다. 기업에서 진행되는 면접관 양성 교육에서 필수적으로 배우는 내용이기 때문입니다. 따라서 지원자들도 이와 같은 면접관의 질문 기법을 알고 있다면 다음 질문을 미리 예상하여 대처할 수 있는 장점이 있습니다.

STAR는 Situation(상황), Task(임무), Action(행동 및 노력), Result(결과)의 이니셜을 조합해 놓은 것으로, 일 처리의 행동 패턴을 분석하여 각각의 중요 포인트를 구분해 놓은 것입니다. 이 책을 읽는 여러분들 중에서는 아마도 자기소개서 작성법과 같은 특강을 통해 이 내용을 이미 접한 사람도 있을 것입니다. 이 STAR가 좋은 이유는 경험 기반 질문의 일정한 방향성을 제시해 준다는 '기준'으로서 의미가 있기 때문입니다. 면접에 적용된 실제 사례 한 가지를 보도록 하겠습니다.

1) 시작 질문

자신이 속한 조직에서 본인의 역할을 가장 크게 인정받았던 경험이 있습니까?

2) 후속질문 1: Situation(상황)

당시 본인이 속했던 조직이 가장 우선적으로 처리해야 했던 것은 무엇이었나요?

3) 후속질문 2: Task(임무)

당시 본인에게 주어진 그 일을 처리하는 데 있어 가장 중점을 뒀던 것은 무엇이었습니까?

4) 후속질문 3: Result(결과)

당시 본인이 달성한 결과에 대한 다른 팀원들의 평가는 어떠했나요?

물론 모든 면접관이 이와 같이 매뉴얼 그대로 억지스럽게 질문하지는 않습니다. 잘 맞지도 않을 뿐더러, 면접관 본인이 평상시 쓰는 말이 아니기 때문에 어색할 수밖에 없습니다.

실제로, 면접 현장에서는 지원자의 답변에 따라 얼마든지 다른 영역의 꼬리 질문이 이어질 수도 있고, 반드시 이 순서가 지켜지기도 전에 다른 질문으로 바뀌는 경우도 얼마든지 있기 때문입니다. 따라서 이 STAR는 반드시 지켜야 하는 법칙의 의미

라기 보다는 차근차근 질문을 하게 하는 일종의 가이드 역할을 하는 경우가 더 많습니다.

만일 여러분이 NCS 기반의 채용이 진행되는 공기업에 지원하는 사람이라면, 그 공기업의 면접에서 진행되는 '직업기초능력' 관련 질문도 역시 이와 같은 STAR 기법으로 진행된다는 것을 잘 알고 있어야 합니다. NCS 기반 채용에 있어 면접 가이드 자체가 이와 같은 STAR를 기준으로 이루어져 있기 때문입니다.

이 STAR는 사실 면접관의 입장에서 사용하기가 쉬운 편은 아닙니다. 전체적인 기준에 불과하기 때문에 지원자 저마다의 사정과 특색을 반영한다면 반드시 '편집과 응용'의 단계를 거쳐야 하기 때문입니다. 이게 말이 그렇지 숙련이 안 된 면접관들에게는 정말로 어려운 부분입니다.

그래서 STAR를 기반으로 하여 보다 쉽게 만들어진 질문 기법이 바로 제가 가장 강조하는 'Rainbow Steps'라고 하는 7단계의 질문 기법입니다.

라. 'Rainbow Steps' 7단계 질문 기법

1 Step: 특정 경험 지정과 전체 개요 파악

입사지원서를 보니, 학생회 활동을 2년이나 하셨네요. 어떤 경험이었
는지 설명해 주세요.

2 Step: 의도 파악

여러 가지 할 수 있는 것이 많았을 것 같은데, 학생회를 선택하게 된
특별한 이유가 있나요?

3 Step: 역할과 집중

– 당시 팀에서 본인이 맡은 역할이 뭔가요? (팀을 이뤄 함께 일했던 경험
의 경우)

– 당시 팀에서 본인이 맡은 역할과 팀을 위해 노력했던 것은 뭔가요?
(팀을 이뤄 함께 일했던 경험의 경우)

4 Step: 난관 확인

당시 가장 처리하기 어려웠던 일/상황/문제/사람/물건은 무엇이었
나요?

5 Step: 문제 해결

어떻게 그 일/상황/문제/사람/물건을 해결하셨습니까?

6 Step: 결과/성과 확인

당시 본인이 달성한 결과에 대해서 자세하게 말씀해 보세요.

7 Step: 직무 연관성

지금까지 말한 경험이 앞으로 본인 직무에 어떻게 도움이 될 거라고
생각하세요?

〈부록〉

'Rainbow Steps'를 실질적으로 연습할 수 있는 시나리오를 소개합니다. 자신의 입사지원서에서 핵심 경험을 선별하여 아래의 시나리오에 맞춰 연습해 보기 바랍니다.

1 Step

○○○ 씨. 여기 입사지원서를 보니 A경험을 했다고 했는데, 맞나요? 이 경험에 대해서 자세하게 말씀해 보시겠습니까?

2 Step

이 경험을 하게 된 특별한 이유가 있나요?

3 Step

(선택1. 팀/조직 경험의 경우) 보니까 팀을 이루어 한 경험 같은데, 당시 본인의 역할과 자신의 팀을 위해서 특별하게 노력한 사항을 자세하게 말씀해 보세요.

(선택2. 혼자 했던 경험의 경우) 보니까 혼자서 열심히 한 경험 같은데, 당시 가장 집중해서 노력했던 것은 무엇입니까?

4 Step

그 일을 하면서 가장 어려웠던 것은 무엇이었나요?

5 Step

그러면, ○○○ 씨는 이를 극복하기 위해서 어떻게 노력하셨나요?

6 Step

이 경험을 통해 어떤 결과 또는 성과를 이루셨나요? 자세하게 말씀해 보세요. or 무엇을 배우셨나요?

7 Step

이 경험이 앞으로 ○○○ 씨가 업무를 하는데 어떤 도움이 될 것 같나요?

> **TIP**
>
> **위의 질문은 면접관이 하는 겁니다. 여러분들이 답변하는 방향성도 중요합니다. 아래 3가지 답변 원칙을 기억하기 바랍니다.**
>
> 첫째, 긍정적으로 답변할 것!
>
> 둘째, 태도 말고 역량이 돋보이게 답변할 것!
>
> 셋째, 내 노력을 어필하며 답변할 것! (누구에게 도움을 받았거나, 우연의 일치를 말하지 말 것)

Rainbow Steps 질문 기법은 지원자가 가진 하나의 경험을 중심으로, 심도 있게 지원자의 인식과 행동의 특성을 파악할 수 있는 방법입니다. 우리나라 지원자들의 특성을 반영하여 필자가 개발한 기법으로서 실제 많은 기업의 면접장에서 활용되고 있습니다.

자신의 대표적인 경험들을 이와 같은 7가지 절차에 따라 스스로 질문해보고 답변해본다면 보다 분명한 자신만의 면접 시나리오가 완성될 것입니다.

마. 경력 및 기타 사항

- 경력이 2년이나 있음에도 불구하고 신입으로 지원한 이유가 뭔가? (S가전)

- 여기 경력사항에 나와 있는 L물류에서 일했던 것은 4대 보험에 가입돼서 일했던 경험인가? 혹시, 아르바이트 경험 아닌가? (H마트)

- K기업에서 계약직으로 일했던 것은 휴학 기간이었기 때문인가? 다른 이유가 있는가? (H보험)

- U전자에서 인턴을 했는데, 인턴도 했으면서 왜 거기에 취업하지 않으려 하는가? (L전자)

- 인턴 경험이 있는데, 정규직 전환 제의는 없었는가? (D백화점)

- 등등

바. 자격증 및 교육사항

- 자격증이 있으면 훨씬 더 좋았을 것 같은데, 왜 따지 않았는
  가? (D물류)*

- 본인이 수료했던 한국무역협회에서의 교육 과정에 대해 자세
  하게 말해보라. (G쇼핑)

- 여기 한국생산성본부의 교육은 본인의 직무에 어떤 도움이 될
  거라고 판단해서 들었나?

- 면접관이 보기에는 특별하게 관련이 없는 것 같다. 어떻게 생
  각하는가? (S시스템)

- 금융자격증이 많은데, 왜 은행이나 보험사에 지원하지 않았는
  가? (T법무법인)*

- 등등

자신이 지원한 직무에 직접적으로 관련성이 있는가, 라는 부
분에 초점을 맞춰 질문이 이어집니다. 어떠한 식으로라도 최대
한의 연결성을 만들어 어필할 필요가 있습니다. 즉, 'A교육 과
정에서 배운 B1이라는 부분은 B2와 같은 업무 상황에서 C라는
결과물을 만드는 데 도움이 될 것입니다'라는 시나리오가 필요
한 것입니다.

이와 같은 논리가 만들어지지 않으면, 도대체 필요도 없는
것을 왜 땄는지 모르겠다며 면접관이 공격적으로 나올 수도 있

습니다. 입사지원서를 작성할 때 도저히 연관성을 찾지 못하는 자격증과 교육사항이라면 생략하고 작성하는 것도 좋은 방법입니다.

면접관 관점에서 특이한 사항이 보이면 바로 질문으로 연결됩니다. 내용의 확인과 지원자 선택의 근거를 확인하는 질문들이 주를 이룹니다.

특히, 최근에는 경력이 있음에도 불구하고 신입으로 지원하는 일명, 올드루키와 중고신입과 같은 경우가 많은데, 합리적이고 명확한 자신만의 이유를 만들어 면접관의 질문에 대처해야 할 것입니다.

(2) 자기소개서 기반의 질문들

면접관의 관점에서는 이력서가 훨씬 더 질문하기 좋은 것이 사실입니다. '이게 어떤 경험인지 자세하게 말해보세요?'라는 질문은 사실 누구나 할 수 있는 편한 질문이기 때문입니다. 하지만 입사지원서는 이력서와 자기소개서로 구성되어 있습니다. 매의 눈을 가진 면접관이라면 자기소개서의 내용도 역시 절대로 간과할 수 없는 질문의 바다일 것입니다.

기업의 채용 담당자들이 가장 집중해서 검토하는 항목 중의 하나입니다. 채용공고를 통한 지원이라면 지원자 저마다의 이유를 언급하겠지만, 학교추천을 통한 지원의 경우에서도 단순하게 추천으로 지원했다고 표현하는 실수를 범하지 말아야 할 것입니다.

지원동기의 핵심은 '우리 기업을 제대로 알고 있는가?'와 '우리 기업을 제대로 이해하고 있는가?' 그리고 '지원자와 어떤 관계(인연)이 있는가?'라는 채용 담당자의 의문을 해결하는 것이 목적이 되어야 합니다.

실제 면접 현장에서는 면접관의 특성에 따라, 자기소개서에 언급된 지원동기 내용을 하나 하나 짚어가며 질문하는 경우도 있지만, 그냥 순수하게 '우리 기업에 지원한 이유가 뭡니까?'를 통째로 물어보는 경우도 많습니다. 지원자의 입장에서는 '이미 자기소개서에 써 있는데 왜 물어볼까?'라는 의문이 들겠지만, 사실 솔직하게 말씀드리면 면접관이 자기소개서를 미리 읽어 보지 않고 그냥 순수한 마음으로 질문하는 경우가 대부분입니다. 이에 관한 대처법은 뒤에서 별도로 언급하기로 하겠습니다.

입사 후 포부는 별도의 항목을 구성하여 '우리 기업에 입사한 이후 본인이 달성하고자 하는 목표를 중심으로, 미래의 자신의 모습을 자유롭게 기술해 주시기 바랍니다'와 같은 요구사항으로 표현되는 경우도 있지만, 그 태생 자체가 현재에는 존재하지도 않는 머나먼 미래의 '상상'에 근거하기 때문에 지원동기 항목에 편입되어 '지원동기 및 포부'라는 통합적 요구사항으로 표현되는 경우도 많습니다.

하지만 그렇다고 해서 입사 후 포부 항목 자체가 불필요한 쓰레기 항목은 절대 아닙니다. 아이러니하게도 입사 후 포부 항목이 화려하게 부활하는 별도의 면접 상황이 존재하기 때문입니다. 입사 후 포부 항목은 놀랍게도 최종면접(임원 면접)이 진행되는 면접장에서 어르신들이 특히 관심을 갖고 중요하게 평가하는 항목으로 화려하게 부활하게 됩니다.

단순하게 열심히 일하겠다는 표현으로는 어림도 없습니다. 입사 후 포부 항목의 핵심은 '지원자가 어떤 직업적 목표를 가지고 있는가?'와 '그 목표는 분명하고 실현 가능성이 있는가?' 그리고 '우리 기업과의 어떤 부분에 어떤 공헌 가능성이 있는가?'라는 채용 담당자의 의문을 해결하는 것이 목적이 되어야 합니다.

지금부터는 기업 지원동기 및 포부 항목의 평가사항부터 살펴보도록 하겠습니다. 이 항목에서 면접관이 확인해야 하는 평가사항은 다음과 같은 여섯 가지가 있습니다. 위의 세 가지는 기업 지원동기, 아래 세 가지는 포부의 평가 영역입니다.

① **집중성:** 우리 기업의 특성과 상황을 이해하고 있는가?   □

② **이해성:** 다른 기업과는 다른 우리 기업만의 차별성 Point를 인지하고 있는가?   □

③ **실제성:** 우리 기업에 지원하기 위한 지원자의 명확한 노력 사항이 보이는가?   □

④ **목적성:** 지원자는 뚜렷한 직업적인 목표를 가지고 있는가?   □

⑤ **현실성:** 그 목표를 달성하려는 의지와 내용이 구체적이며 실현 가능성이 있는가?   □

⑥ **공헌성:** 지원자가 제시하는 내용은 우리 기업에 실질적으로 도움이 되는가?   □

이제는, 실제 지원자가 제출한 자기소개서를 바탕으로 위의 평가기준이 어떻게 적용되고 어떤 질문으로 전환되는지 알아보도록 하겠습니다. 원본부터 읽어 보시기 바랍니다.

'기술 존중의 이념'

언제나 도전을 멈추지 않는 기업. 삼동중공업을 떠올리면 항상 연상되는 문구입니다. 이와 같은 기업의 도전정신을 함께하고자 지원하였습니다. 업계 최초이자 국내 최초로 독일의 DIN 기술 표준 조건을 달성한 삼동중공업은, 뚝심 있는 개발의 결과로 최근 EOM-03과 같은 슈퍼 실린더를 새롭게 출시하였습니다. 이는 타 경쟁사가 감히 넘보지 못할 독자적인 실린더 용적률을 실현시키고 있습니다. 저는 이것이 연구개발의 근성과 의지를 가지고 꿈을 실현시키는 삼동중공업의 실체라고 믿고 있습니다. 그리고 이와 같은 기업이라면 저 김경현과 같이 끈기와 노력의 근본을 가진 조직원이 필요할 것입니다. 실제로, 대학교 3학년 때 도전한 우주산업의 현장실습 경험은 실무자들과 직접적으로 설계부터 개발까지 진행했던 프로젝트에 투입되어 현장의 상황을 직접적으로 경험할 수 있었던 저만의 소중한 경험이었습니다. 만일 저에게 끈기가 없었다면 낯설고 거칠었던 현장에서 결코 견딜 수 없었을 것입니다. 이와 같은 한결같은 모습으로 삼동중공업에서 제 역할 확실하게 해내는 실무자가 될 것입니다.

앞으로 저는 삼동중공업에서 기업의 주력 개발 분야인 실린더 개발의 최고 권위자가 되고 싶습니다. 앞으로 집중해서 개발해 보고 싶은 것은 가변형 실린더입니다. 현재 CDA 시스템 같은 새로운 기술이 새롭게 등장하고 있는 만큼, 앞으로의 개발가능성 또한 무궁무진하다고 판단됩니다. 특히, CDA와 DSF를 결합한 시스템은 연료 효율성 향상을 현실화할 수 있는 유일한 대안이 될 것입니다. 기업에서 기술개발의 도전을 실현시키고 나아가 삼동중공업이 실린더 분야의 최고 기업이 되는 미래의 꿈을 함께하고자 자신 있게 지원하였습니다.

지원자들이 가장 쓰기 어려워하는 항목이 바로 이 지원동기와 입사 후 포부 항목입니다. 그동안 귀에 못이 박힐 것 같이 들어왔던 '기업을 분석해서 써야 한다'는 어려움에 직면해야 하고, 막연한 미래의 모습을 예측해야 하기에 낯설고 어색할 수밖에 없습니다. 하지만 사람이 하는 일은 계속적으로 반복될 때마다 그 실력이 늘어나는 법입니다. 비록, 어렵고 막연한 글쓰기지만 남의 것을 벤치마킹 하는 방법으로 1차 연습을 해보고, 자신의 분석적 내용을 조금씩 추가하다 보면 분명히 자신만의 방법을 찾아낼 수 있을 것입니다.

하지만 이와 같은 과정을 통해 글자들이 완성됐다고, 그리고 서류가 통과됐다고 기뻐하기는 아직 이릅니다. 이 글자들은 면접장에서 면접관들의 질문 포인트가 되어 다시 자신에게 그대로 되돌아오기 때문입니다.

우리는 지금 이 책을 통해서 면접관 관점으로 자기소개서 내용의 질문 포인트를 찾는 연습을 하고 있습니다. 만일 별생각 없이 여기까지 읽었다면, 다시 위로 올라가 그 어떤 지원자가 제출한 자기소개서의 글자 중에서 이미 알려드린 6가지 평가 포인트의 내용에 따라 질문할 부분을 밑줄 치며 체크해 보시기 바랍니다. 비록 전공이 다르고 내용이 다르겠지만 이와 같은 연습은 면접장에서 자신의 자기소개서를 효과적으로 방어하는데 정말 정말 큰 힘이 됩니다.

면접관의 관점에서 보면, 지원자가 자신이 써 놓은 글임에도 불구하고 그 내용을 제대로 답변하지 못하는 것처럼 한심하게 보이는 것이 없기 때문입니다.

다시 확인해 보셨나요? 그럼 지금부터는, 제가 표시한 질문 포인트 부분과 비교해 보시기 바랍니다.

'기술 존중의 이념'

언제나 도전을 멈추지 않는 기업. 삼동중공업을 떠올리면 항상 연상되는 문구입니다. 이와 같은 기업의 도전정신을 함께하고자 지원하였습니다. 업계 최초이자 국내 최초로 독일의 DIN 기술 표준 조건을 달성한 삼동중공업은, 뚝심 있는 개발의 결과로 최근 EOM-03과 같은 슈퍼 실린더를 새롭게 출시하였습니다.① 이는 타 경쟁사가 감히 넘보지 못할 독자적인 실린더 용적률을 실현시키고 있습니다. 저는 이것이 연구개발의 근성과 의지를 가지고 꿈을실현시키는 삼동중공업의 실체라고 믿고 있습니다.② 그리고, 이와 같은 기업이라면 저 김경현과 같이 끈기와 노력의 근본을 가진 조직원이 필요할 것입니다. 실제로, 대학교 3학년 때 도전한 우주산업의 현장실습 경험은 실무자들과 직접적으로 설계부터 개발까지 진행했던 프로젝트에 투입되어 현장의 상황을 직접적으로 경험할 수 있었던 저만의 소중한 경험이었습니다.③ 만일 저에게 끈기가 없었다면 낯설고 거칠었던 현장에서 결코 견딜 수 없었을 것입니다. 이와 같은 한결같은 모습으로 삼동중공업에서 제 역할 확실하게 해내는 실무자가 될 것입니다.

앞으로 저는 삼동중공업에서 기업의 주력 개발 분야인 실린더 개발의 최고권위자가 되고 싶습니다.④ 앞으로 집중해서 개발해보고 싶은 것은 가변형 실린더입니다. 현재 CDA 시스템 같은 새로운 기술이 새롭게 등장하고 있는 만큼, 앞으로의 개발가능성 또한 무궁무진하다고 판단됩니다. 특히, CDA와 DSF를 결합한 시스템은 연료 효율성 향상을 현실화할 수 있는 유일한 대안이 될 것입니다.⑤⑥ 기업에서 기술개발의 도전을 실현시키고 나아가 삼동중공업이 실린더 분야의 최고 기업이 되는 미래의 꿈을 함께하고자 자신 있게 지원하였습니다.

①번 포인트에서 도출된 질문: '집중성' 평가항목 확인

면접관 우리 기업에 대해서 공부를 많이 한 것 같아요. 평상시 우리 기업에 대해서 알고 있었나요?

지원자 네. 선배님들이 취업 준비하는 과정을 보며 좋은 기업이라는 것을 알게 됐습니다.

면접관 그럼, 본인이 자기소개서에 언급한 EOM-03과 같은 슈퍼 실린더에 대해서 자세하게 설명해 보세요.

지원자 네. 제가 홈페이지에서 찾아본 정보에 의하면 EOM-03 슈퍼 실린더의 주요 특징은 크게 두 가지로 ~

②번 포인트에서 도출된 질문: '이해성' 평가항목 확인

면접관 여기 보니까 우리 기업이 연구개발의 근성과 의지를 가지고 있다고 했는데, 사실 모든 기업들이 이런 거 다 가지고 있잖아요? 그래도 삼동중공업은 다르다, 라고 하는 거 딱 한 가지만 말해봐요.

지원자 네. 아까 말씀드린 EOM-03 슈퍼 실린더 시뮬레이션을 무려 3천 번 이상 했다는 기사를 봤습니다. 이를 통해~

③번 포인트에서 도출된 질문: '실제성' 평가항목 확인

면접관 우수산업에서 현장실습을 하셨다고 했는데, 왜 우리 기업에서 안 했어요? 우리도 현장실습생 많이 받는 기업인

데, 인턴도 많이 뽑고. 어떤 이유가 있는 건가요?

지원자 네. 당시 학교에서 현장실습을 할 수 있는 기업의 리스트가 별도로 있었는데, 거기에는 삼동이 없었습니다. 그리고 인턴은 작년에 지원해 봤는데 떨어졌습니다.

면접관 아. 우리 기업에 계속 관심이 있었군요?

지원자 네. 맞습니다.

④번 포인트에서 도출된 질문: '목적성' 평가항목 확인

면접관 여기 보면, 실린더 개발에 많은 관심이 있다고 했어요. 우리 기업에서 개발하고 있는 다른 분야도 많은데, 왜 실린더 분야에 그렇게 관심이 많아요?

지원자 네. 현재 자동차 시장은 전기차로 대체될 때까지, 최고 관심사가 연비입니다. 차량 경량화는 이제 한계까지 온 것 같고, 그렇다면 남은 것은 점화시스템의 효율성밖에 없다고 생각했습니다.

⑤번 포인트에서 도출된 질문: '현실성' 평가항목 확인

면접관 사실, CDA 기술은 이미 타 업체에서 개발이 된 거잖아요? 그럼에도 불구하고 우리가 후발로 그 분야를 따라가는 게 맞다고 보나요?

지원자 기술이란 사람의 상상력만큼 얼마든지 발전 가능하다고 교수님께 배웠습니다. 반대로 생각해보면 이미 실현된 기술이기에 더욱 더 발전시킬 수 있는 가능성이 있다고 봅니다.

⑥번 포인트에서 도출된 질문: '공헌성' 평가항목 확인

면접관 그럼, 우리 기업을 실린더 분야에서 최고로 만들기 위해 지원자가 입사 후, 당장 해야 할 일은 뭐라고 생각합니까?

지원자 네. 가장 먼저 삼동중공업의 연구개발 프로세스를 완전하게 익히겠습니다. 일단 기업이 어떻게 일하는지 아는 것이 먼저라고 생각합니다.

면접관 그 다음은요?

지원자 네. 실린더와 관련된 특허를 공부하겠습니다. 기존의 것을 알아야 앞으로 해야 할 것들을 찾을 수 있을 것입니다.

나. 직무적합성

최근 자기소개서에서 가장 '핫'한 항목입니다. 기업의 모든 채용이 직무 중심으로 이루어지다 보니 직무적합성이라는 항목이 매우 매우 중요해졌습니다. 모 기업의 인사담당자는 "우리는 지원동기하고 직무적합성 딱 이 두 개만 본다"라고 채용설명회와 같은 공식적인 자리에서 말하는 모습까지 봤습니다.

자기소개서에서 구현되는 직무적합성 항목은 다음과 같이 크게 두 가지 형태로 구별됩니다.

표현은 다르지만 두 가지 모두 결국 그 직무를 잘 수행할 수 있는 사람인가를 검증하려는 속성은 같습니다. 면접관 역시 이 항목에서 분명하지 않은 것들을 명확하게 확인하고, 지원자의 직접적인 노력사항 등 많은 것들을 확인하기 위하여 노력할 것입니다.

직무적합성 항목에서 면접관이 확인해야 하는 평가사항은 다음과 같은 다섯 가지가 있습니다.

① **인식성:** 자신이 지원하는 직무의 중요성을 인식하고 있는가?
　□

② **지식성:** 지원자는 직무에서 요구하는 지식 수준을 충족하고
　있는가?　□

③ **적용성:** 지원자는 자신이 가진 직무 관련 지식의 직접적인 적
　용 가능성이 있는가?　□

④ **태도성:** 지원자는 직무에서 요구하는 태도적인 부분을 충족
　하고 있는가?　□

⑤ **구체성:** 경험의 기술 내용은 구체성을 갖는가?　□

　실제 지원자가 제출한 자기소개서를 바탕으로 위의 평가기준이 어떻게 적용되고 어떤 질문으로 전환되는지 알아보도록 하겠습니다. 역시 원본부터 읽어보시기 바랍니다.

'공정관리 전문가를 향한 발자국'

토목공학을 전공하는 공학도로서 학년이 높아질수록 그동안 배웠던 지식들이 어떻게 현장에 적용되는지 보다 실제적으로 알고 싶다는 생각이 강했습니다. 공학도로서 그동안 배웠던 모든 공학이론과 공학적 설계의 결과가 실생활에 적용된 사례를 분석해 본다는 것은, 보다 능동적인 공부를 가능하게 해준다는 판단이 들어서로 뜻이 맞는 친구 4명과 전공 기반 스터디 모임인 '4AC'를 만들었습니다. 그리고 학생끼리 만든 조직이라는 한계를 극복하기 위하여 대형 건설사에 근무하시는 선배님 한 분과 설계 사무소에 근무하시는 또 다른 선배님을 자문위원으로 모시고, 토질 분야의 권위자이신 전공교수님 한 분도 도움을 주시기로 약속하셨습니다. 주중에는 각자 바쁜 일들이 많았기에 토요일 오전마다 2시간씩 모임을 가졌습니다. 특히, 각자 발표 사례를 준비하여 발표한 이후 각자의 의견을 제시하여 개선안을 찾는 시간은 건축이라는 분야가 얼마나 다양성을 가지고 있는지를 느끼게 되는 흥미 있는 시간이었습니다. 그리고 이 과정은 이후 ㈜경성건설의 원주 G아파트 건설현장에서 토질과 구조 그리고 수문학이 현장에 적용된 사례를 좀 더 자세히 알 수 있는 기회가 되었습니다. 구조물의 설계에서 사후관리까지 모든 과정을 지탱하는 토목의 핵심은 결국 공정관리라는 확고한 인식을 정립할 수 있었습니다. 그동안 전공수업을 통해 배운 이론과 자발적인 스터디활동은 앞으로 공정관리 분야에서 제가 보여드릴 능력의 바탕이 될 것입니다.

자기소개서를 검토하다 보면, 지원자들이 느끼는 속상함을 잘 알 수 있습니다. 정말 많은 이야기를 하고 싶은데, 정작 글로는 표현할 수 없는 그런 심정 말입니다. 하지만 그런 글을 면접관이 보고 있다는 것은 이미 서류가 통과 됐음을 의미합니다.

이제부터는 면접관의 시각으로 적절한 질문의 포인트를 찾아내는 것이 무엇보다 필요할 것입니다. '이명철. 이 지원자는 과연 우리 기업에서 자신에게 주어진 직무를 잘 수행할 수 있을 것인가?'라는 걱정과 우려에서 지원자의 자기소개서를 바라본다면 반드시 보이는 부분이 있습니다.

지원자가 그 일(직무)을 잘 수행할 수 있는지에 대한 가능성은 '지식'(예시: 제안서 작성법을 알고 있는가?), '기술'(예시: 제안 내용을 문서 작성 Tool을 활용하여 시각적으로 문서화할 수 있는 능력이 있는가?), '태도'(예시: 요구사항 수용의 적극적인 자세가 있는가?)의 세 가지로 구분됩니다. 그리고 이는 NCS(국가직무능력표준)의 '직무수행능력'을 이루는 뼈대이기도 합니다.

일반 기업도 마찬가지입니다. 신입 채용에 있어서 기업마다 이 부분을 규정하는 요소들은 조금씩 차이를 보이고 있지만, 결국 위에서 기준으로 제시한 '지식성'과 '적용성' 및 '태도성'은 가장 보편적인 기준이 될 수 있습니다.

이제는, 제가 표시한 질문 포인트 부분과 비교해 보시기 바랍니다.

'공정관리 전문가를 향한 발자국'

토목공학을 전공하는 공학도로서 학년이 높아질수록 그동안 배웠던 지식들이 어떻게 현장에 적용되는지 보다 실제적으로 알고 싶다는 생각이 강했습니다. 공학도로서 그동안 배웠던 모든 공학이론과 공학적 설계의 결과가 실생활에 적용된 사례를 분석해 본다는 것은, 보다 능동적인 공부를 가능하게 해준다는 판단이 들어 서로 뜻이 맞는 친구 4명과 전공 기반 스터디 모임인 '4AC'를 만들었습니다. 그리고 학생끼리 만든 조직이라는 한계를 극복하기 위하여 대형건설사에 근무하시는 선배님 한 분과, 설계 사무소에 근무하시는 또 다른 선배님을 자문위원으로 모시고, 토질 분야의 권위자이신 전공교수님 한 분도 도움을 주시기로 약속하셨습니다.⑤ 주중에는 각자 바쁜 일들이 많았기에 토요일 오전마다 2시간씩 모임을 가졌습니다. 특히, 각자 발표 사례를 준비하여 발표한 이후 각자의 의견을 제시하여 개선안을 찾는 시간은② 건축이라는 분야가 얼마나 다양성을 가지고 있는지는 느끼게 되는 흥미 있는 시간이었습니다. 그리고 이 과정은 이후 ㈜경성건설의 원

주 G 아파트 건설현장에서 토질과 구조 그리고 수문
학이 현장에 적용된 사례③④를 좀 더 자세히 알 수 있
는 기회가 되었습니다. 구조물의 설계에서 사후관리까
지 모든 과정을 지탱하는 토목의 핵심은 결국 공정관
리라는 확고한 인식을 정립할 수 있었습니다.① 그동
안 전공수업을 통해 배운 이론과 자발적인 스터디 활
동은 앞으로 공정관리 분야에서 제가 보여드릴 능력의
바탕이 될 것입니다.

①번 포인트에서 도출된 질문: '인식성' 평가항목 확인

면접관 공정관리가 구조물의 설계에서 사후관리까지 모든
과정을 지탱한다고 했는데, 특히 어떤 분야에 더 많은 중요
성을 갖는지 아시겠습니까?

지원자 네. 아무래도 공사는 규모가 크고, 한번 실수하면 그
것을 되돌리는 데는 많은 어려움이 있기 때문에, 위험성을
사전에 찾아내어 관리하는 것이 가장 중요할 것 같습니다.

면접관 보통은 공정관리 하면 자원관리를 얘기하는 게 일
반적인데, 위험관리를 강조하게 된 어떤 특별한 계기가 있
나요?

지원자 네. 당시 현장에서 감독관님이 가장 강조하셨던 것이 위험관리였습니다. 구체적으로~

②번 포인트에서 도출된 질문: '지식성' 평가항목 확인

면접관 친구 4명과 전공 스터디를 만들었다고 했나요?

지원자 네. 맞습니다.

면접관 당시 사례 발표를 했다고 했는데, 지원자가 지원하는 공정관리와 관련된 어떤 전공 내용을 다뤘는지 자세하게 말해보세요.

지원자 네. 제가 발표를 준비하며 가장 중요하게 다뤘던 부분은 진도율, 공정율, 공기 대비 진척률을 규정한 KPI 사례였습니다. 구체적으로~

③번 포인트에서 도출된 질문: '적용성' 평가항목 확인

면접관 지원자는 경성건설에서 일했던 경험이 있네요?

지원자 네. 군 제대 후, 바로 복학하지 않고 일을 할 수 있는 기회가 생겨 일하게 되었습니다.

면접관 이력서를 보니 아르바이트가 아니고 사원이었네요?

지원자 네. 처음에는 아르바이트를 하려고 했는데, 때 마침 기회가 있었고, 복학 후 전공에서도 도움이 될 것 같아 기회가 생겨 현장 사원으로 일했습니다.

면접관　빡센데 계셨네요. 근데, 아파트 건설현장에 수문학이 어떤 연관성이 있나요? 본인이 현장에서 개입했던 내용을 중심으로 말해보세요.

지원자　네. 생각보다 밀접한 관계가 있습니다. 특히, 배수계획 및 우수 처리 설계 시에~

④번 포인트에서 도출된 질문: '태도성' 평가항목 확인

면접관　경성현장에서 힘들었을 것 같은데, 어려움은 없었나요?

지원자　네. 아무래도 제가 가장 어리다 보니까 다들 잘 대해주셨습니다.

면접관　현장에서 누군가가 자신을 평가했던 말 3가지만 말해보세요.

지원자　네. 성실하다. 근성 있다. 잘 어울린다. 이런 말을 들었던 것 같습니다.

면접관　본인의 그런 모습이 공정관리 직무와 잘 맞는다고 생각하세요?

지원자　네. 잘 맞는다고 생각합니다. 그 이유는~

⑤번 포인트에서 도출된 질문: '구체성' 평가항목 확인

면접관　스터디를 도와주셨던 현직 선배님이 계시다고 했죠?

지원자 네. 맞습니다. 현대건설에 다니시는 선배님이십니다.

면접관 어디 부서에서 일하세요?

지원자 네. 건축사업본부에서 근무 중인 걸로 알고 있습니다.

면접관 그 선배님한테 어떤 도움을 받았는지 구체적으로 말씀해 보세요.

지원자 네. 현업에서 설계 요소가 어떻게 적용되는지 알 수 있었습니다. 예를 들어~

다. 성장과정

자기소개서에서 성장과정을 요구하는 경우도 있고, 그렇지 않은 경우도 있습니다. 만일 해당 항목을 요구하는 기업이라면, 성장 과정의 핵심은 '지원자가 인성적으로 어떤 의지와 기준을 가지고 살아왔는가?'와 '그걸 계속적으로 일관되게 유지하고 있는가?'라는 채용 담당자의 두 가지 의문을 해결하는 것이 목적이 되어야 합니다.

다행히도 자기소개서의 내용에 이와 같은 내용이 포함되어 있다면 굳이 재확인해 볼 필요까지는 없지만, 그 내용이 없다면 반드시 질문하여 그 존재성을 확인해야 하는 사항입니다. 성장 과정에서 면접관이 집중적으로 확인해야 하는 사항을 정리하면 아래와 같이 약 5가지 확인사항으로 나눌 수 있습니다.

① **주도성:** 제시된 경험은 타인 주도의 수동적 경험이 아닌, 자기 주도적인 능동적 경험으로 이루어져 있는가?　□

② **일관성:** 과거의 모습과 현재의 모습이 서로 일관성을 가지고 있는가?　□

③ **주관성:** 경험을 통한 자신만의 기준/신념/가치/중심 등이 언급되어 있는가?　□

④ **연결성:** 지원자의 이와 같은 모습은 우리 기업의 인재상과 어떤 연결성을 갖는가?　□

⑤ **신뢰성:** 과거의 행동과 노력들을 미루어 봤을 때, 앞으로의 조직생활 또는 직무적 대인관계에 있어서도 신뢰성을 확보할 수 있는가?　□

실제 지원자가 제출한 자기소개서를 바탕으로 위의 평가기준이 어떻게 적용되고, 면접관은 이를 또 어떻게 질문으로 연결시키는지 보도록 하겠습니다.

[성장과정]

본인의 성장과정을 본인의 발전에 가장 의미가 있었던 경험을 기반으로 상세하게 기술해 주시기 바랍니다. (700자 내외)

'약속을 지키는 사람'

항상 사람들과 어울리기 좋아했던 저는 초등학교 시절부터 대학생 시절까지 그동안 가입해서 활동했던 조직만 23개가 넘습니다. 작게는 학교의 서예반 활동부터 크게는 대학교 졸업준비위원회의 스텝까지 다양한 조직의 활동 경험을 통해 정말 많은 사람들을 만났고 좋은 시간을 함께 해왔습니다.

좋은 사람들도 있었지만 잘 맞지 않는 사람들도 많았습니다. 그럴 때마다 개인적인 감정을 앞세우기 보다는 조직 속에서의 제 역할과 조직의 목표를 우선시하며, 보다 큰 생각을 하며 그들과 어떻게든 함께하고자 노력해 왔습니다. 그리고, 이와 같은 노력을 통해 상대방의 시각에서 내 자신의 모습을 바라보면 저 또한 고쳐야 할 부분이 존재한다는 사실을 깨달을 수 있었습니다.

조직생활을 하며 그 구성원이 된다는 것은 결국 자신에게 주어진 역할에 충실해야 하는 것을 의미합니다. 또한 그것은 조직에서 정한 약속을 그 구성원들이 서로 잘 지켰을 때, 비로소 실현될 수 있습니다.

저 역시 아무리 작은 약속이라도 이것을 잘 지키려 노력해 왔습니다. 대학교 2학년 때 가입해서 활동했던 '실천회'라는 저소득층 자녀 대상 학습봉사 동아리에서 팀원으로 활동할 때는, 그 당시 막 상륙한 초대형 태풍을 뚫고 아이들의 공부방에 도착해 중간고사 직전의 공부를 봐준 경험도 있습니다. 앞으로의 회사생활에서도 약속을 잘 지키는 모습으로 평가받고 싶습니다.

읽어 보셨나요? 어디서나 볼 수 있는 그야말로 평범한 자기소개서 내용입니다. 그럼, 지금부터는 면접관의 시각으로 질문의 포인트를 찾아보도록 하겠습니다. 그 전에 먼저 이 책을 읽는 여러분들께 부탁드릴 말씀이 있습니다.

늘 그랬듯이 아래의 내용으로 넘어가지 말고, 그 전에 한번 찾아보라는 것입니다. '내가 만일 면접관이라면 어떤 부분에서 어떤 질문을 할까?'라는 인식을 가지고 스스로 질문의 포인트를 설정해 보라는 것입니다. 평가기준이요? 이미 위에서 말씀드리지 않았습니까? 다음 페이지를 넘기지 말고 진짜 한번 찾아보시기 바랍니다.

찾으셨습니까? 어디에서 어떤 질문을 해야 할지 보이시나요?

이와 같이 '남의 것'을 보는 훈련을 통해, 자신이 작성한 자기소개서를 바라보면 기존에 보이지 않았던 빈틈이 보이기 시작합니다. 이것이 바로 관점의 차이입니다. 기업의 면접관들도 이와 같은 훈련을 한다는 사실을 잘 기억하시기 바랍니다. 그럼, 제가 면접관의 관점에서 질문의 포인트를 설정하여 해당 부분에 표시해 보도록 하겠습니다.

'약속을 지키는 사람'

항상 사람들과 어울리기 좋아했던 저는 초등학교 시절부터 대학생 시절까지 <u>그동안 가입해서 활동했던 조직만 23개가 넘습니다.</u>① 작게는 학교의 서예반 활동부터 크게는 대학교 졸업준비위원회의 스텝까지 다양한 조직의 활동 경험을 통해 정말 많은 사람들을 만났고 좋은 시간을 함께 해왔습니다.

좋은 사람들도 있었지만 잘 맞지 않는 사람들도 많았습니다. 그럴 때마다 개인적인 감정을 앞세우기 보다는 조직 속에서의 제 역할과 조직의 목표를 우선시하며,② 보다 큰 생각을 하며 그들과 어떻게든 함께하고자 노력해왔습니다. 그리고, 이와 같은 노력을 통해 상대방의 시각에서 내 자신의 모습을 바라보면저 또한 고쳐야 할 부분이 존재한다는 사실을 깨달을 수 있었습니다.③

조직생활을 하며 그 구성원이 된다는 것은 결국 자신에게 주어진 역할에 충실해야 하는 것을 의미합니다. 또한 그것은 조직에서 정한 약속을 그 구성원들이 서로 잘 지켰을 때, 비로소 실현될 수 있습니다. 저 역시 아무리 작은 약속이라도 이것을 잘 지키려 노력해 왔습니다.④ 대학교 2학년 때 가입해서 활동했던 '실천회'라는 저소득층 자녀 대상 학습봉사 동아리에서 팀원으로 활동할 때는, 그 당시 막 상륙한 초대형 태풍을 뚫고 아이들의 공부방에 도착해 중간고사 직전의 공부를 봐 준 경험도 있습니다⑤. 앞으로의 회사생활에서도 약속을 잘 지키는 모습으로 평가받고 싶습니다.

밑줄 친 부분은 면접관의 관점에서 언제든지 질문으로 연결될 수 있는 포인트입니다. 그럼, 위에서 알려드린 평가기준에 대입하여 면접관의 질문으로 바꿔보도록 하겠습니다.

①번 포인트에서 도출된 질문: '주도성' 평가항목 확인

면접관 지원자는 정말 많은 조직 활동을 하셨네요. 이 중에서 지원자가 리더 역할을 했던 것은 몇 개나 됩니까?

지원자 네. 이 중에 반 이상이 제가 팀장이나 집행부로 활동했던 조직입니다.

면접관 그럼, 나머지 것들은 그냥 팀원으로 있었나요?

지원자 네. 맞습니다. 팀원으로 열심히 활동했습니다.

면접관 본인이 자발적으로 가입했던 조직이라면 그만큼 애착이 있었을 것 같은데, 왜 그렇게 책임성 있는 역할을 맡지 않았어요?

지원자 네. 그 당시에는 주로 추천을 통해 팀장이나 리더를

결정하는 경우가 많았습니다. 저는~

②번 포인트에서 도출된 질문: '일관성' 평가항목 확인

면접관　현재 본인이 소속해서 활동하고 있는 조직 활동은 뭔가요?

지원자　네. 현재 졸업준비위원회 스텝으로 활동하고 있습니다.

면접관　활동하면서 최근에 함께했던 사람들과 의견 차이를 보이거나, 아니면 다른 이유로 충돌이나 마찰이 있었던 경험이 있나요? 아무리 작은 거라도 좋으니까 말해보세요.

지원자　네. 졸업앨범 제작에 있어서, 종이 앨범 이외에 온라인으로 별도의 졸업 블로그를 만들자 만들지 말자에 대한 의견 차이가 있었습니다.

면접관　어떻게 해결했는지 자세하게 말해보세요.

지원자　네. SNS 작업을 하려면 기본적으로 디자인적인 요소가 들어가야 합니다. 그래서~

③번 포인트에서 도출된 질문: '주관성' 평가항목 확인

면접관　여기 자기소개서에서 보면 상대방의 시각에서 자신을 바라보는 것의 중요성을 말하셨는데요, 상대방의 시각에서 봤을 때, 그동안 어떤 부분을 가장 많이 고쳐야 한다고 생각했어요?

지원자 네. 제가 스스로 판단했을 때, 맞다고 생각하는 부분이 있으면 상대방을 설득하는 과정에서 좀 세게 보이는 경향이 있는 것 같습니다.

면접관 그 부분을 알았다면, 어떻게 고치려고 노력했는지 말씀해 주세요.

지원자 네. 저는 먼저 제가 생각하는 생각의 배경을 설명하려고 노력합니다. 예를 들어~

④번 포인트에서 도출된 질문: '연결성' – 「주인의식」이라는 인재상 확인

면접관 질문 드릴게요. 만일, 상사가 잘못된 지시를 내리는 상황이라면 지원자는 어떻게 대처하실 거예요? *

지원자 어떤 상황인지 잘 모르겠습니다.

면접관 예를 들어, 거래 업체 선정에 있어서 A업체를 선정하는 것이 누가 봐도 명확하게 우리 기업에 유리한데, 상사가 실력이 없는 B업체를 선정하라고 하면 어떻게 하실 겁니까?

지원자 먼저, 담당자로서 본 업체 선정의 핵심요소가 무엇인지 판단해 봐야 할 것 같습니다. 예를 들어 주 목적이 부품 납품이라면, 생산성과 계약 수행 실적을 따진 후, 그 자료를

가지고 상사님께 보고드리며~

⑤번 포인트에서 도출된 질문: '신뢰성' 평가항목 확인

면접관 여기 보니까, 태풍을 뚫고 공부방에 갔다고 써 있는데, 솔직히 이건 약속을 잘 지켰다기보다는…. 좀 오버했던 거 아니에요? 부모님들은 오히려 많이 걱정하셨을 것 같은데? 어떻게 생각하세요?

지원자 실제 있었던 일입니다. 그 당시에는 애들 얼굴이 너무 떠올라 무작정 나갔습니다.

면접관 전화라도 하지 왜 안 했어요?

지원자 애들이라 핸드폰이 없었고, 집 전화번호는 없는 집이 더 많다고 복지사님께 들었던 기억이 있어서 전화해 볼 생각을 못했습니다.

면접관 가니까 애들이 진짜 와 있던가요?

지원자 네. 두 명이 와 있었습니다.

물론, 성장 과정 한 가지만 가지고 이렇게 5가지 포인트를 모두 질문하지는 않습니다. 그럴 수 있는 시간도 안 되고, 또 다른 확인할 것들도 많기 때문입니다. 그래서 실제 면접장에서는 위에서 언급된 5가지 질문 포인트 중에서 한 가지가 나오거나 아니면 아예 나오지 않는 경우도 더 많은 것이 사실입니다.

하지만 만일 면접관이 자기소개서에 기재된 성장 과정 항목을 보고 질문을 유추한다면, 제가 짚어드린 질문 포인트는 굉장히 확률이 높을 수밖에 없습니다. 그리고 이는 나머지 자기소개서 항목에 있어서도 그대로 적용됩니다.

면접은 이렇게 대비를 하고 준비해야 하는 것임을 꼭! 알려드리고 싶습니다.

라. 성격의 장단점

성장 과정과 마찬가지로 자주 보이는 항목은 아닙니다. 하지만 이 역시 지원자 개인의 성향을 직접적으로 파악할 수 있는 자기소개서의 항목 중 하나임에는 틀림없습니다. 기업의 자기소개서 작성 시 요구하는 빈도가 높은 항목이며, 면접관 역시 성격의 장점에서의 타당성과 성격의 단점에서의 진솔함과 그 극복 방안에 초점을 맞춰 다양한 질문을 합니다. 성격의 장단점에서 면접관이 집중적으로 확인해야 하는 사항 역시 약 5가지 확인사항으로 나눌 수 있습니다.

① **객관성:** 지원자의 장점은 주관적인 판단으로 이루어진 것이 아닌, 객관적 평가를 기반으로 이루어져 있는가? □

② **구체성:** 실제로 지원자의 장점을 검증할 수 있는 경험이 제시
되었는가? □

③ **연결성:** 지원자의 이와 같은 모습은 우리 기업의 인재상과 어
떤 연결성을 갖는가? □

④ **솔직함:** 자신의 단점을 우회적으로 표현하지 않고 직접적으
로 표현했는가? □

⑤ **현실성:** 그 단점을 극복하기 위하여 본인이 노력하는 사항이
현실적이고 구체적으로 명시되어 있는가? □

자기소개서에 언급된 성격의 장단점은 최근 MZ특성을 반영
하여 면접관들이 많은 호기심을 갖는 부분입니다.

이 역시, 실제 지원자가 제출한 자기소개서를 바탕으로 위의
평가기준이 어떻게 적용되고 어떤 질문으로 전환되는지 알아
보도록 하겠습니다.

'집중을 통해 이룩한 신뢰성'

한번 집중한 일에 무섭게 몰두하는 집중적인 성격을 가지고 있습니다. 시작한 일은 반드시 좋은 결과를 만들겠다는 의지가 이와 같은 집중력을 이루는 바탕이 된다고 생각합니다. 또한, 이와 같은 집중력은 조별활동 등의 활동에서 각자의 역할을 분배하여 일을 할 때에도, 단 한 번도 자신에게 주어진 미션을 수행하지 못한 적이 없을 만큼의 신뢰성을 보입니다. 실제로, 3학년 2학기 때 수강한 소비자행동론 조별활동에서는 무려 20개 기업을 정해 각각의 대표상품에 대한 소비자 평가의 공통점을 조사하는 미션이 있었습니다. 어려운 과제였지만 6명의 조원들 중 저만 유일하게 관련자료의 조사를 마쳐 이 자료를 바탕으로 팀 발표도 무사히 마칠 수 있었습니다. 저의 이런 장점을 살려 제가 지원하는 경영관리 직무에서도 집중을 통해 어떠한 임무라도 완수할 자세가 되어 있습니다.

하지만, 저의 단점은 스스로의 자신감을 다소 후하게 평가하여 '괜찮아 더 있다가 해도 충분히 할 수 있어'라는 생각에 마감일에 쫓기는 경우가 비교적 많다는 것입니다. 어떻게든지 일은 끝낼 수 있지만, 그 완성도에 있어서 아쉬웠던 적이 간혹 있었습니다. 지금은 이와 같은 단점을 극복하기 위해서 마감일을 세 부분으로 나누어 다이어리를 작성하고 있습니다. 1차 마감일에는 일을 위한 자료의 수집을, 2차 마감일에는 일의 진행 상황을, 3차 마감일에는 일의 완성도를 중점으로 체크하고 있습니다.

자. 읽어 보셨나요? 역시 어디서나 볼 수 있는 자기소개서입니다. 그럼 위의 성장 과정에서 이미 연습해 봤던 것처럼, 면접관의 질문 포인트를 스스로 찾아보시기 바랍니다.

찾으셨습니까? 어디에서 어떤 질문을 해야 할지 보이시나요?

그럼, 제가 다시 한번 면접관의 관점에서 질문의 포인트를 설정하여 해당 부분에 표시해 보도록 하겠습니다.

'집중을 통해 이룩한 신뢰성'

한번 집중한 일에 무섭게 몰두하는 집중적인 성격을 가지고 있습니다.① 시작한 일은 반드시 좋은 결과를 만들겠다는 의지가 이와 같은 집중력을 이루는 바탕이 된다고 생각합니다. 또한, 이와 같은 집중력은 조별활동 등의 활동에서 각자의 역할을 분배하여 일을 할 때에도, 단 한 번도 자신에게 주어진 미션을 수행하지 못한 적이 없을 만큼의 신뢰성을 보입니다. 실제로, 3학년 2학기 때 수강한 소비자행동론 조별활동에서는 무려 20개 기업을 정해 각각의 대표상품에 대한 소비자 평가의 공통점을 조사하는 미션이 있었습니다. 어려운 과제였지만 6명의 조원들 중 저만 유일하게 관련자료의 조사를 마쳐 이 자료를 바탕으로 팀 발표도 무사히 마칠 수 있었습니다.② 저의 이런 장점을 살려 제가 지원하는 경영관리 직무에서도 집중을 통해 어떠한 임무라도 완수할 자세가 되어 있습니다.③

하지만, 저의 단점은 스스로의 자신감을 다소 후하게 평가하여 '괜찮아 더 있다가 해도 충분히 할 수 있어'라는 생각에 마감일에 쫓기는 경우가 비교적 많다는 것입니다.④ 어떻게든지 일은 끝낼 수 있지만, 그 완성도에 있어서 아쉬웠던 적이 간혹 있었습니다. 지금은 이와 같은 단점을 극복하기 위해서 마감일을 세 부분으로 나누어 다이어리를 작성하고있습니다. 1차 마감일에는 일을 위한 자료의 수집을, 2차 마감일에는 일의 진행 상황을, 3차 마감일에는 일의 완성도를 중점으로 체크하고 있습니다.⑤

사람은 묘하게도 자기 것이 아닌 '남의 것'에 대해서는 한없이 오류나 모순 또는 공격 포인트를 잘 찾는 경향이 있습니다. 여러분들이 찾은 것과 제가 밑줄 친 부분이 아마도 많은 부분에서 일치하리라 믿습니다.

그럼, 밑줄 친 부분을 위의 평가기준에 대입하여 면접관의 질문으로 바꿔보도록 하겠습니다.

①번 포인트에서 도출된 질문: '객관성' 평가항목 확인

면접관 본인이 말한 집중성 있는 성격이라는 것은 스스로의 생각인가요? 아니면 남들도 그렇게 평가한 것인가요?

지원자 네. 다른 사람들의 평가도 그렇고, 제 스스로 그렇게 생각하고 있습니다.

면접관 그럼, 다른 사람들이 지원자의 집중성을 평가했던 다른 경험 한 가지를 말씀해 보세요. 여기 자기소개서에 나와있는 거 말고요.

지원자 네. 잠시 생각할 시간을 주시겠습니까?

②번 포인트에서 도출된 질문: '구체성' 평가항목 확인

면접관 여기 보니까, 당시 지원자만 미션을 완성했다고 했는데, 남들이 못한 것을 혼자만 어떻게 할 수 있었는지 자세하게 말씀해 주세요.

지원자 기업 분석 자료를 그동안 꾸준하게 모아왔기 때문입니다. 인터넷을 검색할 때마다 기업 분석과 관련된 내용이 나오면 습관적으로 별도의 폴더에 스크랩 하는 것을 계속해왔습니다.

면접관 왜 했어요? 보통은 그렇게 하지 않는 걸로 알고 있는데.

지원자 학과에서 주로 기업에 관한 내용을 많이 다루다 보니 그런 습관이 생긴 것 같습니다.

면접관 그럼, 최근에 본인이 스크랩한 기업은 어떤 기업이고 어떤 내용인지 설명해 보세요.

지원자 네. 삼영기업을 스크랩했습니다. 삼영기업은 최근에 ~

③번 포인트에서 도출된 질문: '연결성' – 「소통」이라는 인재상 확인

면접관 회사에서 일하다 보면, 자신의 일에만 집중할 수 없는 경우가 많습니다. 예를 들어, 지금 바로 마감해야 하는 급한 일에 정신없이 쫓기고 있는데, 갑자기 상사가 자신의 일을 도와달라고 지시하는 경우가 있을 수 있습니다. 이런 경우에는 어떻게 하실 건가요?

지원자 네. 상사가 아마도 그런 지시를 내리신 것은, 제가 하고 있는 일을 잘 모르시기 때문이 아닐까 생각합니다. 일단 제가 어떤 상황인지 말씀드리고 다음 지시를 기다리겠습니다.

면접관 말씀드렸는데도 불구하고 그 일 말고 자신의 일을 도와달라 하면요?*

지원자 그럼, 제가 하고 있는 일의 우선순위를 다시 조정해야 할 것 같습니다. 예를 들어~

④번 포인트에서 도출된 질문: '솔직함' 평가항목 확인

면접관 마감일에 쫓기는 거는 사실 누구나 다 겪는 일이잖아요. 이걸 왜 단점이라고 생각하는지 추가적으로 설명해 보세요.

지원자 시간에 쫓기다 보면 실수를 할 수 있는 가능성이 많기 때문입니다. 하지만 자신이 마음먹기에 따라서는 얼마든지 여유롭게 일을 진행할 수 있다고 봅니다.

⑤번 포인트에서 도출된 질문: '현실성' 평가항목 확인

면접관 굉장히 꼼꼼하게 다이어리를 작성하고 있다고 했는데, 최근 이와 같은 방식을 그대로 적용해서 도움이 됐던 경험을 말씀해 보세요.

지원자 네. 최근에 중간고사하고 제가 준비하고 있는 공모전하고 거의 같은 일정으로 진행이 된 상황에서 다이어리가 많은 도움이 되었습니다.

면접관 당시 본인이 했던 노력을 자세하게 설명해 보세요.

지원자 전공 과목 시험과 교양 과목 시험일이 겹친 상황에서는 우선적으로~

위에서 언급된 면접관의 질문을 보면 어떤 생각이 드십니까? 이제, 자신의 자기소개서를 바라볼 용기가 생기나요?

기업에서 요구하는 '~했던 경험에 대해서 기술하시기 바랍니다'라는 항목입니다. 예를 들어, '자신의 창의성을 발휘하여 문제를 해결했던 경험을 기술하시기 바랍니다' 또는 '자신의 능력보다 한 단계 높은 목표에 도전하여 결과를 창출했던 경험을 기술하시기 바랍니다' 등으로 요구되는 항목이 이에 해당합니다. 이와 같은 경험 항목은 기업의 인재상이나 기업의 이념 등이 배경이 되어 만들어진 요구사항이기에, 면접관의 관점에서 보면 집중해서 확인해 볼 것이 많은 항목입니다.

예를 들어, 「도전」하는 인재'라는 인재상을 가진 기업의 경우, '최근 본인에게 주어진 열악한 상황을 극복하고, 보다 높은 수준에 「도전」했던 경험을 기술해 주시기 바랍니다'와 같이 인재상의 키워드가 그대로 자기소개서 항목의 요구사항으로 반영된 형태의 항목을 말합니다.

이 항목에서 면접관이 집중적으로 확인해야 하는 사항은 아래와 같은 약 5가지 확인사항으로 나눌 수 있습니다. 행동 중심의 기술사항이기 때문에, 일부는 성장 과정의 평가기준과 일치성을 보이기도 합니다.

① **직접성:** 지원자는 이 경험이 요구하는 각 사항을 분명하게 반영하고 있는가? ☐

② **의도성:** 그 경험을 하게 된 이유와 목적이 분명한가? ☐

③ **주도성:** 제시된 경험은 타인 주도의 수동적 경험이 아닌, 자기 주도적인 능동적 경험으로 이루어져 있는가? ☐

④ **주관성:** 경험을 통한 자신만의 기준/신념/가치/중심 등이 언급되어 있는가? ☐

⑤ **연결성:** 지원자의 이와 같은 모습은 우리 기업의 인재상과 어떤 연결성을 갖는가? ☐

역시, 실제 지원자가 제출한 자기소개서를 바탕으로 위의 평가기준이 어떻게 적용되고, 면접관의 질문으로 어떻게 바뀌는지 보도록 하겠습니다.

'성과를 내는 총무'

학생회의 임원으로서 학과를 위해 노력했던 경험이 있습니다. 학회 임원진의 추천으로 3학년 한 해 동안 통계학과 학생회 총무로 선출되어 학생회비 예산을 기획하고 지출에 관한 총괄을 맡아 학과를 위하여 봉사했던 경험이 그것입니다. 총무를 맡으면서 학생회비 사용의 이중 검토와 사용 내역의 공시를 가장 중요시 여겼습니다. 예산 지출 전에는 타 집행부의 관점에서 한 번 더 검토하여 불필요한 지출을 막고, 집행 후에는 그 사용 여부를 투명하게 공개해 학생들의 신뢰도를 높일 수 있었기 때문입니다. 여러 가지 학생회 활동 중에서도 가장 기억에 남는 것은 제1회 통석학술제를 개최한 것입니다. 이는 기존의 학생회비를 알뜰하게 절약한 금액에 선배님들의 후원금을 더하여 이루어진 뜻 깊은 행사였습니다. 그리고 이와 같은 경험을 통해 구성원으로 열심히 하는 것도 중요하지만, 자신에게 주어진 일의 효율성을 극대화하기 위하여 소속된 조직을 얼마나 활용할 수 있는가, 라는 부분도 함께 중요함을 알게 되었습니다. 또한, 체계적인 일 처리의 과정을 통해 우선순위의 결정과 돌발상황 등에 대응하여 신속하게 판단하고 분석하는 제 자신의 능력도 발전시킬 수 있었습니다. 앞으로 도전하게 될 업무도 기업의 이해관계자들에게 회계 정보를 제공함에 있어서, 보다 정확하고 체계적인 숫자를 제시할 수 있도록 최선의 노력을 다할 것입니다.

면접관이 항상 보게 되는 지원자의 자기소개서 중 한 페이지입니다. 다 읽어 보셨나요? 중요한 것은 제시된 글자들의 각 요소요소마다 의미를 부여해 보라는 말씀입니다. 단순한 글자들의 나열이 아닌, 인식과 생각이 들어가 있고 몸을 움직인 과정과 결과가 들어 있는 의미 있는 글이기 때문입니다. 그러다 보면 위에서 제시된 평가기준을 적용하여 질문할 수 있는 포인트를 반드시 찾을 수 있습니다. 위의 자기소개서가 그냥 글자들만 보인다면 절대로 면접관의 관점을 알 수 없습니다.

다시 한번, 제가 표시한 부분과 비교해 보시기 바랍니다.

'성과를 내는 총무'

학생회의 임원으로서 학과를 위해 노력했던 경험이 있습니다.① 학회 임원진의 추천으로 3학년 한 해 동안 통계학과 학생회 총무로 선출되어 학생회비 예산을 기획하고 지출에 관한 총괄을 맡아 학과를 위하여 봉사했던 경험이 그것입니다.② 총무를 맡으면서 학생회비 사용의 이중 검토와 사용 내역의 공시를 가장 중요시 여겼습니다. 예산 지출 전에는 타 집행부의 관점에서 한번 더 검토하여 불필요한 지출을 막고, 집행 후에는 그 사용 여부를 투명하게 공개해 학생들의 신뢰도를 높일 수 있었기 때문입니다. 여러 가지 학생회 활동 중에서도 가장 기억에 남는 것은 제1회 통석학술제를 개최한 것입니다.③ 이는 기존의 학생회비를 알뜰하게 절약한 금액에 선배님들의 후원금을 더하여 이루어진 뜻깊은 행사였습니다. 그리고 이와 같은 경험을 통해 구성원으로 열심히 하는 것도 중요하지만, 자신에게 주어진 일의 효율성을 극대화하기 위하여 소속된 조직을 얼마나 활용할 수 있는가, 라는 부분도 함께 중요함을 알게 되었습니다.④ 또한, 체계적인 일처리의 과정을 통해 우선순위의 결정과 돌발상황 등에 대응하여 신속하게 판단하고 분석하는 제 자신의 능력도 발전시킬 수 있었습니다.⑤ 앞으로 도전하게 될 업무도 기업의 이해관계자들에게 회계 정보를 제공함에 있어서, 보다 정확하고 체계적인 숫자를 제시할 수 있도록 최선의 노력을 다할 것입니다.

밑줄 친 부분을 위의 평가기준에 대입하여 면접관의 질문으로 바꿔보도록 하겠습니다.

①번 포인트에서 도출된 질문: '직접성' 평가항목 확인

면접관 지원자는 학생회 활동을 가장 의미 있는 조직 경험으로 생각하고 있네요. 당시 지원자가 소속되어 일했던 그 학생회의 특징에 대해서 말씀해 보세요.

지원자 네. 사실 당시 학생회 구성이 다 채워지지 않아서, 회장 선배가 많이 어려워 했습니다. 그래서 제가~

②번 포인트에서 도출된 질문: '의도성' 평가항목 확인

면접관 당시 3학년이었으면 전공 공부를 본격적으로 시작하는 때 아닙니까? 많이 바쁜 시기인 것 같은데, 왜 학생회에 가입했습니까?

지원자 예. 당시 학생회 소속의 임원들과 많이 친했습니다. 제 친구들도 있었구요. 그 친구들이 도와 달라는 요청이 있어서 가입했습니다.

면접관 그러니까요. 원래는 생각이 없었는데 친구들의 부탁으로 한 거다. 이거 아닙니까?

지원자 네. 면접관님 말씀처럼 그렇게 보일 수도 있습니다. 하지만 당시 저는~

③번 포인트에서 도출된 질문: '주도성' 평가항목 확인

면접관 여기 보면 학술제를 개최한 것을 가장 기억에 남는다고 했는데, 처음으로 한 건가요?

지원자 네. 통석학술제는 이전에는 없었던 저희 통계학과 최초의 학술제가 맞습니다. 저희 집행부가 처음으로 했습니다.

면접관 처음 행사를 시작한다는 것이 말처럼 쉽지 않은 일인데, 당시 본인의 역할에 대해서 자세하게 말씀해 보세요.

지원자 네. 학술제가 처음이었기에 진행에 대한 정보가 필요했습니다. 그래서 학술제 경험이 있는 타 대학교 학생회에 요청하여~

④번 포인트에서 도출된 질문: '주관성' 평가항목 확인

면접관 조직원으로서 자신이 속한 조직을 잘 활용한다는 것이 무엇을 의미하는지 모르겠습니다. 한번, 예를 들어 설명해 주시겠습니까?

지원자 네. 만일 총무로서 해야 할 일들이 너무나 많은 경우, 보통 그 일에만 치여서 힘들어지는 경우가 많습니다. 그럴 때면 홍보부 등 다른 임원들의 지원을 받아 일을 빨리 마무리할 수 있었습니다.

면접관 한마디로 팀웍을 말씀하시는 것이네요. 맞나요?

지원자 네. 맞습니다. 당시 이와 같은 협력을 통해 일을 빨리 마칠 수 있었습니다.

⑤번 포인트에서 도출된 질문: '연결성' –

예를 들어, 「추진력」이라는 인재상 확인

면접관 학생회에서 활동하며 본인이 겪었던 가장 큰 예상치

못한 상황이 뭐였나요?

지원자 네. 제가 가장 많이 도움을 받았던 부학생회장이 갑자기 회장하고 다투고 학생회를 나가버린 일입니다.

면접관 저런, 근데 그게 왜 문제가 됐나요?

지원자 네. 제가 예산을 총괄했기 때문에 비록 친구들이라도 크고 작은 논쟁이 많았는데, 그때마다 부학생회장이 항상 중재를 해줬습니다. 이제 그 역할을 해줄 사람이 없어서 당시에는 당황했습니다.

면접관 회장도 있었잖아요?

지원자 아. 회장님은 그런 거에 개입을 안 했습니다.

면접관 그래요? 그 상황을 어떻게 해결했는지 자세히 말해보세요.

지원자 네. 저는 가장 먼저 예산 근거를 정리해서~

지금까지 우리는 다양한 자기소개서의 항목과 이에 따른 면접관의 평가사항 및 질문 포인트를 집중적으로 연습해 봤습니다.

물론, 전공이 서로 다르기에 낯설게 느껴지는 부분이 있었고, 또 같은 전공이라도 '와. 뭐 이렇게까지 하냐?'라고 어렵게 느껴지는 부분도 있었을 것입니다.

다시 한번 말씀드리지만, 30분 동안 진행되는 면접에서 면접관이 여러분에게 이와 같은 모든 질문을 하는 것은 절대 아닙니다.

우선, 면접관이 지원자의 입사지원서를 전혀 보지 않고 진행되는 블라인드 면접이 있습니다. 또한 면접 후기를 보면 알 수 있는 것처럼, 입사지원서를 벗어난 질문들도 많고, 돌발질문이나 전혀 엉뚱한 질문들도 얼마든지 존재하기 때문입니다.

하지만 만일 여러분들이 가게 될 미래의 면접장에서 그 어떤 면접관이 여러분들의 자기소개서를 보고 질문을 한다면, 지금까지 우리가 읽어본 내용과 연습하여 쌓아온 감각은 정말 무시무시한 효력을 갖게 됩니다.

이건 면접장에 가보면 알게 됩니다.

(3) 면접관의 질문유형

계속 반복하지만, 면접의 기본 속성은 결국 질문과 답변입니다. 지금부터는 우리가 그동안 봐왔던 질문들을 '무엇을 보고 어떻게 질문하는가?'라는 시각에서, '어떤 형식의 질문을 하는가?'라는 시각으로 바꿔보고자 합니다.

면접관이 사용하는 확인형, 의문형, 키워드형, 유도형, 가정형이라는 5가지 질문 유형이 바로 그것입니다.

하나씩 설명 드리도록 하겠습니다.

가. 확인형 질문

사례 1 제출하신 입사지원서를 보면 삼화중공업에서 인턴을 했던 내용이 있는데, 학생 수준에서 제품 설계에 개입했다는 것이 이해가 되지 않습니다. 이 부분에 대해서 보다 자세하게 말씀해 주시겠습니까?

사례 2 보통 방학기간이 2개월로 알고 있는데, 어째서 풀타임 아르바이트를 3개월 동안 할 수 있었죠?

사례 3 학과에서 통계이론을 배우지 않았다는 사실이 이해가 되지 않습니다. 제가 납득할 수 있도록 설명해 주시겠습니까?

확인형 질문은 면접관의 관점에서 지원자의 입사지원서의 내용이 의심될 때, 다시 한번 되물어보는 형식의 질문을 말합니다. 면접관도 지원자들과 같은 과정을 거친 사람들이고, 실제 실무에 있어서 인턴이나 아르바이트 등을 직접적으로 상대합니다. 따라서 자신의 경험으로 비춰 볼 때, 합리적이지 않거나 의심이 들면 그 부분에 대해 바로 확인형 질문을 사용합니다.

확인형 질문이 위험한 이유는 해당 답변을 통해 지원자가 면접관을 충분히 납득시키지 못하는 경우에는 그 내용 자체가 즉시 거짓말로 취급된다는 것입니다. 또한, 면접관이 자기 스스로 납득될 정도로 꼬리에 꼬리를 무는 압박 상황으로 발전할 경우도 있으므로 면접장에서는 사실에 기반한 경험만을 언급하는 것이 정신 건강에 좋습니다.

나. 의문형 질문

사례 1 졸업작품전을 위해서 정보팀과 기술팀으로 팀을 구분했다고 했는데, 그렇게 팀을 나눴던 이유가 뭡니까?

사례 2 당시 매장에서 판매 아르바이트를 하며 본인이 직접 만든 팜플렛을 고객에게 드렸다고 했는데, 기존에 존재하는 홍보자료를 활용하지 않은 이유는 무엇입니까?

사례 3 지금까지 그렇게 노력을 하고도 본선에 진출조차 하지 못했던 이유가 어디에 있다고 생각합니까?

의문형 질문은 면접관이 사용하는 대부분을 차지하는 질문입니다. 위의 사례에서 보다시피 이유에 대한 답변을 들어보면 과거 지원자들의 생각을 엿볼 수 있기 때문입니다. 사람의 행동과 생각에는 특정한 일관성이 있습니다. 사람 쉽게 변하지 않는다는 말도 이를 바탕으로 만들어졌다고 봅니다.

면접관의 관점에서 지원자는 언제나 자신의 가장 좋은 부분만을 어필하려 합니다. 그럴 수밖에 없는 것이 당장 취업을 해야 하기 때문입니다. 물론 그 절박함을 모르는 것은 아니지만, 현재의 모습과 생각만을 가지고 사람을 채용하기에는 면접관 스스로 납득할 수 있는 확신이 있어야 하는 것이 사실입니다.

따라서 면접관은 지원자들이 가진 과거의 생각을 엿보려 합니다. 그래서 개발된 질문이 의문형 질문입니다. 과거의 경험과 활동을 기준으로 지원자가 가진 일과 사람에 대한 판단 기준을 명확하게 확인할 수 있는 방법이기 때문입니다. 당시 지원자가 그렇게 판단하고 행동했던 이유의 타당성에 대한 직접적인 질문이기 때문에 지원자가 가진 생각을 알아낼 수 있습니다. 물론 의문형 질문은 반드시 과거의 경험만을 대상으로 하지 않습니다. 현재의 경험이나 활동에서도 얼마든지 적용될 수 있기 때문입니다.

만일, 면접장에서 면접관이 눈에 띄게 의문형 질문을 많이 사용한다면, 지원자가 가진 생각의 기준이 과거와 현재에 있어 변동이 없는지, 즉 일관성을 가지고 있는지 탐색하는 상황이라고 봐도 무방합니다. 이때는 흔들림 없는 일관성을 보여주는 것이 좋은 점수를 받는 방법입니다. 면접관이 기대하는 것은 '예측가능성'입니다. 즉, 과거에도 A였고, 현재에도 A이니, 앞으로도 A일 것이다, 라는 '믿음'이 바로 그것입니다.

다. 키워드형 질문

사례 1 창의성을 발휘했던 경험을 말해보세요.

사례 2 본인의 리더십이 가장 돋보였던 경험을 말해주시기 바랍니다.

사례 3 본인이 손해를 보더라도 책임감 있게 일을 완수했던 경험을 말해보세요.

키워드형 질문은 주로 경험을 물어보는 상황에서 나타납니다. 앞서 자기소개서 구성요소에서 설명드린 것처럼, 주로 인재상 키워드와 연관된 경험을 물어보는 것이 일반적입니다. 따라서 어느 정도는 예측이 가능하기에 이 역시 미리 준비할 수 있습니다. 답변하는 로직은 아래와 같습니다.

1단계 네. 언제 어디에서 했던 A경험을 말씀드리겠습니다.

2단계 상황 설명 + 저는 B목표를 달성해야 했습니다. (or B 문제를 만났습니다.)

3단계 그때 C가 핵심임을 파악하고, 이에 맞춰 D와 같은 노력을 했습니다.

4단계 그래서 E와 같은 좋은 결과를 이루었습니다. (or 달성했습니다.)

5단계 그래서 이 경험을 강조드리고 싶습니다.

라. 유도형 질문

사례 1 영업 현장에서는 때로는 막 밀어붙이는 것도 중요한데, 지원자가 강조하는 적극성을 어떻게 활용할 수 있겠습니까? 예를 들어 설명해 주세요.

사례 2 앞으로도 많은 커뮤니케이션을 해야 하는데, 말 잘 통하는 사람으로 인정받는 방법은 어떤 것이 있을까요?

사례 3 지금 시장에서 신약 분야의 영업이 아주 어려운 상황인데, 이와 같은 상황에서 영업력을 높이려면 어떻게 해야 할까요?

유도형 질문의 특징은 면접관이 특정 정보를 미리 제시하고 시작한다는 것입니다. 'A가 정말 중요한데 말야, 너는 어떻게 할 거야?'와 같은 질문 방식이 바로 그것입니다. 면접관이 유도형 질문을 하는 이유는 직접적인 요구사항을 제시하고자 함입니다. 즉, '말 돌리지 말고 우리가 필요로 하는 이 능력, 또는 바로 그 경험만 이야기해 봐'라는 요구사항입니다.

면접관의 관점에서는 자신이 필요로 하는 정보만을 확실하게 들을 수 있기 때문에, 주로 질문을 잘 이해하지 못하고 논점을 흐리는 지원자나, 길고 장황하게 답변하는 지원자, 그리고 엉뚱한 답변만 자주 하는 지원자에게 사용하는 질문 방식이기도 합니다.

따라서 자신이 만일 유도형 질문을 자주 받는 느낌이 든다면, 면접관 관점으로 자신의 답변을 되돌아봐야 할 것입니다. 그리고 결론을 먼저 말하는 두괄식 답변을 전개하고, 그 내용을 부연설명하되 핵심적 내용만 빨리 전달하는 모습으로 바로 전환하여야 할 것입니다.

더구나 최근의 유도형 질문은 위의 예시에서 보시다시피 대부분이 직무에 맞춰져 있는 경우가 많습니다. 직무적합성을 중심으로 모든 것이 평가되는 최근 면접의 경향을 비추어 봤을 때, 지원자 스스로 자신의 직무를 중심으로 하는 유도형 질문을 미리 만들어 보고 이에 대한 답변을 미리 구성해 보는 것도 면접을 대비하는 훌륭한 방법이 될 수 있습니다.

마. 가정형 질문

사례 1 만일, 그 당시 행사를 진행할 때 학교의 지원이 없었다면, 그래도 그 업체와 계약이 성사됐을 거라고 생각하십니까?

사례 2 만일, 본인의 잘못이 아님에도 불구하고 선배 사원이 자신의 실수를 지원자의 실수라고 우기는 경우, 어떻게 대처하겠습니까?

사례 3 만일, 본인이 주도하는 중요한 계약을 체결하는 당일에, 계약 현장에서 계약의 내용에는 영향을 미치지 않는 오타 한 글자를 발견하게 되었다면 어떻게 대처하겠습니까? 이미 회사 법무팀의 승인도 난 상태고 상대 측은 모르는 상황이라고 가정합시다. 답변해 주세요.

무슨 인적성 검사 문제 푸는 것도 아니고, 참 어려운 질문으로 느껴집니다. 막상 면접 현장에서 이와 같은 가정형 질문을 받는다면 평소의 생각 없이는 답변이 정말 힘들 것 같습니다.

그렇습니다. 바로 여기 '평소의 생각'이라는 부분에 가정형 질문의 본질이 있습니다. 지원자의 생각을 보다 분명하게 알아내기 위하여 고안된 질문 형태가 바로 가정형 질문이기 때문입니다.

면접장에서 면접관이 만나는 지원자의 모습은 모두 좋은 것만을 보여주려 애쓰는 모습뿐입니다. 그럴 수밖에 없는 것이 일단 합격을 해야 하기 때문입니다. 그래서 자신이 가진 경험을 보다 좋게 꾸미고, 또 당시 자신이 내린 결정이나 판단은 정말 잘한 것이었다고 일방적으로 이야기합니다. 지원자의 과거 행동에 대한 결과는 이미 정해져 있기에 면접관은 사실 속수무책으로 이를 들을 수밖에 없는데, 사실 좋은 것만 들어서 지원자의 모습을 입체적으로 판단할 수는 없습니다.

따라서 그 정해진 과거의 결과를 뒤흔드는 질문이 필요한데, 이것이 바로 가정형 질문입니다. '만일'이라는 가정을 통하여 얼마든지 당시의 결과를 뒤집고, 지원자가 신나게 떠드는 일방적인 답변을 양방향에서 판단할 수 있는 여지를 주기 때문입니다.

또한, 가정형 질문은 미래의 '직무상황'과 '조직생활'에 대처하는 지원자의 모습을 파악하기에도 참 좋은 기능을 발휘합니다. 그래서 이미 알려드린 유도형 질문과 서로 보완성을 갖는 질문으로 각광받고 있습니다.

가정형 질문을 '직무'와 '조직'이라는 키워드에 맞춰 아래와 같이 정리해 봤습니다. 자신이 지원하는 업무 상황과 조직생활에서 만날 수 있는 다양한 상황을 아래 예시와 같이 가정하여 시나리오를 구성해 보시기 바랍니다. 특히, 직무에 대한 투자는 정말 많은 공을 들여야 하는 부분입니다.

만일, A와 같은 직무 상황에 닥치게 된다면

만일, 본인의 업무가 B와 같이 평가된다면

만일, 갑자기 C를 해야 하는 상황이 온다면

만일, 현장에서 D와 E 중에 하나를 선택해야 한다면

만일, 직무에서 F와 같은 예상치 못한 결과가 생기면

만일, 직무 상황에서 G가 특히 문제가 된다면

직무에 대한 충분한 고민과 직무 상황에 대한 공부만 되어 있다면, 직무 중심의 가정형 질문은 사실 그렇게 어렵지 않습니다. 면접관들도 여러분들이 그렇게 경험이 많지 않은 신입사원 채용 대상임을 인식하고 있기에, '이거 왜 이렇게 정확하지가 않아?'가 아닌, '그래, 그 정도면 됐다. 뭐 이 정도라도 아는 게 어디야?'라는 정도에서 점수를 부여하게 되기 때문입니다.

따라서 직무 상황과 관련된 가정형 질문은 정답을 찾고자 하는 것이 아닙니다. 지원자가 단순하게 그 직무를 하고 싶어 하는 사람이 아닌, 자신이 이미 그 직무의 담당자임을 얼마나 자각하고 있는가에 대한 확인인 것입니다.

이런 이유로, 가정형 질문에서는 정답이 아닌 최선의 답변이 필요합니다. 반드시 정답을 맞추겠다는 부담감에 오히려 제대로 된 말조차도 하지 못할 바에야, 차라리 여러분들이 만나게 될 질문 속의 직무적 상황에 마음껏 상상의 나래를 펼쳐 보시기 바랍니다. 챗GPT 또는 실무자의 직무 인터뷰 등을 통해 업무 상황에서 자신이 앞으로 만날 수 있는 여러 가지 상황들을 미리 공부하는 것도 중요합니다. 면접은 절대 정답 맞추기 게임이나, 퀴즈쇼 또는 구술시험이 아니라는 사실을 잘 기억하셔야 합니다.

직무와 관련된 질문과 면접 상황 설명은 다음 장에서 구체적으로 다루도록 하겠습니다.

(4) 면접 답변 요령

면접관이 어떻게 질문을 하는지 알아봤으니, 이제는 우리가 어떻게 답변을 해야 하는지도 알아야 할 것 같습니다.

답변을 구성하는 가장 중요한 요소는 다음과 같은 3가지가 있습니다.

가. 목소리

분명하고 선명한 목소리의 중요성은 두고두고 반복해도 지나침이 없습니다. 여러분들은 커뮤니케이션의 기본이 뭐라고 생각하십니까? 커뮤니케이션의 기본은 상대방에 대한 이해도 아니고, 논리적 설득력이 그 중심이 되는 것도 아닙니다. 이런 것들은 나중 얘기입니다.

그 첫 번째 기준은 분명하고 힘 있는 선명한 목소리입니다. 면접관으로 면접을 진행하다 보면 특히 여자 지원자들의 목소리가 옆에 앉은 남자 지원자들의 목소리에 눌려 상대적으로 힘이 없는 모습을 보이는 경우가 많습니다.

긴장되는 것은 충분히 이해하지만, 면접관의 관점에서는 아쉽게도 '소극적 성격'이 아닌, 오히려 '커뮤니케이션 능력 결여'라고 무섭게 평가할 수밖에 없습니다. 소통의 기본은 상대방이 말하는 정보를 명확하게 파악하는 것에서부터 시작되기 때문입니다.

자신의 목소리는 직접 녹음해서 들어보는 것이 최고입니다. 몇 가지 면접 질문에 대한 답변을 녹음해서 계속해서 목소리의 '힘'을 기르도록 노력하시기 바랍니다.

나. 기본 커뮤니케이션

면접을 잘 보려면 면접관과의 대화에 원활함을 보여야 합니다. 주어진 질문에 답변하는 것 이외에 몇 가지 반드시 필요한 필수적인 커뮤니케이션이 있습니다. 다음을 참조하시기 바랍니다.

A. 지원자: 면접관님. 죄송하지만 다시 한번 질문해 주시겠습니까?

▶ 뭔가 분명치 않을 때, 꼭 확인해보고 답변해야 합니다. 이와 같이 요구하는 것은 절대로 실례가 아닙니다. 여기서 '죄송하지만'이라는 표현은 그냥 겸손의 표현입니다. 분명한 질문을 요구하는 것은 지원자의 당연한 권리라는 인식을 갖기 바랍니다.

B. 지원자: 면접관님. 혹시 저에게 'G'를 여쭤보신 것이 맞습니까?

▶ 면접관들 중에서는 질문의 논점을 묘하게 흐리는 면접관들도 분명히 존재합니다. 다시 한번 물어봐서 명확한 질문의 논점을 확인하고 답변하기 바랍니다.

C. 지원자: 면접관님. 잠시 생각을 정리하고 답변드려도 되겠습니까?

▶ '마케팅 담당자가 항상 신경 써야 할 세 가지 요소는 무엇이 있습니까'와 같이 뭔가 많은 것, 또는 복잡한 것을 물어보는 질문의 경우에는 무조건 답변하는 것보다 잠시 생각을 정리할 시간을 요청하는 것이 훨씬 더 진지한 모습으로 보입니다.

얼마나 시간이 필요하냐고 면접관이 물어보면 '10초'만 시간을 달라고 요청하시기 바랍니다. 면접장에서의 10초는 거의 1분과 맞먹는 위력의 시간입니다.

＊단, 시간을 달라는 멘트를 두 번 이상 반복하는 경우 면접관이 짜증을 내는 경우도 있습니다. 너무 이런 멘트에 의지하면 안 됩니다. 일단은 자신에게 답변의 의지가 있어야 합니다.

D. 지원자: 면접관님. 질문하신 A는 제가 미처 준비하지 못했습니다 (또는, 제가 잘 모르는 부분입니다). 이 면접장을 나가자마자 꼭 정리해서 A를 잘 알 수 있도록 하겠습니다.

▶ 면접장에서 모른다는 말은 솔직히 미덕이 아닙니다. 하지만, 진짜 모른다면 모른다고 말을 해야 합니다. 그 표현이 위에서 알려드린 표현입니다. 솔직하게 인정할 건 인정하는 모습, 하지만 끝까지 포기하지 않는 모습이 면접관이 보고 싶어 하고, 우리들이 보여줘야 할 지원자의 모습입니다.

다. 두괄식 표현

면접장에서 답변하는 요령이 있습니다. 일단, 면접관의 질문을 잘 받아야 합니다. '그 질문에 답변 드리겠습니다', '그 질문에 대한 제 생각을 말씀드리겠습니다', '참으로 좋은 질문이십니다'와 같은 멘트로 답변을 시작하면, 면접관 관점에서는 굉장히 기계적이고 어설픈 모습으로 비춰지게 됩니다. 제대로 답변하는 요령은 다음과 같습니다.

A. 일단 면접관의 질문을 잘 듣는 모습을 보여야 합니다. 질문을 들으며 고개를 한 번 정도 끄덕이는 연출도 필요합니다.

B. 면접관의 질문이 끝나면, 바로 답변하기 보다는 마음속으로 '하나 둘 정도'의 시간을 갖기 바랍니다. 그게 진지해 보입니다.

C. '네'라고 질문을 받습니다. 이 책에 묘사된 모든 지원자들의 질문이 이와 같이 시작된다는 사실을 이미 눈치채셨기 바랍니다.

D. 결론부터 이야기합니다. 생각보다 간단합니다. 면접관이 질문한 그 끝부분을 그대로 반복해주면 됩니다.

면접관 지원자는 회사에서 아르바이트를 두 번이나 해봤네요. 일하면서 다양한 사람들을 만났을텐데, 소식에서 인정받는 사람들의 특징이 따로 있던가요?

지원자 네. 조직에서 인정받는 사람들의 특징은 바로 책임성이 있다는 것입니다.

E. '왜냐하면~' 또는 '그 이유~'는 이라는 말로 자신의 생각을 이어 나갑니다.

– 말의 논거를 가장 튼튼하게 만드는 표현입니다.

F. 질문에 따라서는 아래와 같은 수식어를 붙이기도 합니다.

– 실제로 저는(또는, 실제로 저 역시) ~ : 자신의 경험을 강조할 때 쓰는 표현입니다.

– 예를 들어 말씀드리면, ~ : 구체적 사례를 제시해서 자신의 논거를 강화할 때 쓰는 표현입니다.

– 만일, R이 없다면, ~ : 반대되는 상황을 가정하여 자신의 의견이나 생각을 강화시키는 표현입니다.

위에서 알려드린 답변의 스킬을 잘 기억하시기 바랍니다. 무엇을 어떻게 사용하건 답변은 절대로 길어서는 안 됩니다. 모든 답변을 반드시 3~40초를 초과하지 않도록 구성해라!로 말씀드리지 못하는 이유는 답변 자체가 '시간적 의미'이기 보다는 '내용적 의미'에 있기 때문입니다.

하여간, 답변 도중 뭔가 주절거리는 느낌이 들면 바로 그때가 답변을 끝내야 할 때임을 반드시 명심하시기 바랍니다.

04

면접의 중반부

주로 목격되는 상황:

1) 직무 준비 과정과 해당 직무의 역량 등 직무에 대한 적합성을 파악하는 질문들

2) 특정 전공을 우대하는 직무라면, 전공에 대한 질문들

3) 지원한 기업에 대한 이해성을 확인하는 질문들

주요 평가사항: 지원자의 직무적합성, 기업 집중성

면접의 중반부는 면접 전체를 이루는 핵심입니다. 가장 중요한 3가지 평가요소가 적용되는 영역이기 때문입니다.

그 3가지 평가요소의 느낌을 전달하기 위해 풀어서 설명하면 다음과 같습니다.

'여기까지 오느라고 수고 많았다. 근데, 너 말고도 잘난 애들이 너무 너무 많아서 말이지, 너는 특별하게 다른 게 뭐야?'(지원자 경쟁력 또는 차별성)의 확인사항,

'근데, 너는 니가 하는 일에 대해서 잘 알고 있어? 응? 잘할 수 있냐고?'(직무적합성 또는 직무 준비도)의 확인사항과,

그리고 '그나저나, 우리 회사에 대해서는 알고는 있니?'(기업 집중성 또는 사업 이해성)의 확인사항이 바로 그것입니다.

이 중에서 첫 번째 영역인 지원자의 경쟁력 또는 차별성을 확인하는 부분은 보통 지원자의 입사지원서의 내용을 기반으로 이루어지는 경우가 대부분입니다. 그리고 이와 관련된 세부적인 사항은 이미 위에서 충분히 다뤘으므로 여기에서는 두 번째 영역(직무적합성/준비도)와 세 번째 영역(기업 집중성/사업 이해성)의 내용을 중심으로 면접장에서 만나게 될 각 영역에 대응하는 방법을 알아보도록 하겠습니다.

1) 1차 면접을 관통하는 핵심!
직무적합성 또는 직무 준비도

흔히, 1차 면접을 다른 말로 '실무진 면접' 또는 '직무역량 면접'이라는 말로 부르곤 합니다. 여기에서 '실무'라는 말과 '직무' 또는 '역량'이 의미하는 것은 단 한 가지입니다. 그 일에 적합한지를 일단 먼저 보자는 겁니다.

따라서 면접의 내용 자체가 '직무에 적용되는 지식의 수준'과 '직무를 위한 지원자들의 노력', '직무 정보와 직무 상황'에 대한 것들로만 면접이 진행되다 보니, 많은 면접 경험자가 '처음 들어보는 용어'에 당황했거나, '아마 경력자들도 답변하기 어려웠을' 실무적인 질문을 받아 많이 당황하고 또 좌절했을 것입니다.

하지만, 면접관도 이미 알고 있습니다. 4년제(또는 2, 3년제) 졸업 또는 졸업예정자 수준에서 나올 수 있는 답변이란 것이 이미 어느 정도 한계성이 있기 때문입니다. 그럼에도 불구하고 이토록 어려운 질문을 하는 것은, 아마도 한번 떠보겠다는 것이지요. 물론, 그 이면에는 '너 이거까지 안다면 진짜 대박이다'라는 지원자에 대한 기대심리도 존재하는 것이 사실입니다.

'음… 학점도 좋고, 나름 직무에 대한 인식도 명확하구만, 전문용어나 전공용어도 어떻게든 조금이라도 써보려고 애쓰는 모습이 기특하긴 한데… 뭔가 좀 어설퍼. 얘가 긴장되서 그런 거야? 아니면 수박 겉핥기 식으로 그냥 좀 아는 척만 하는 거 아냐? 나 원…. 혹시, 조금 어렵겠지만 어디 이거 아는지 물어볼까?' 이런 생각으로 면접관이 물어보는 한없이 디테일하고 고차원적인 직무에 관한 질문은 사실 정확하게 답변하는 지원자보다는 답변하지 못하는 지원자가 더 많은 것이 틀림없는 사실입니다.

따라서 여러분들이 가게 될 면접장에서 진짜 어려운 직무 관련 질문이 나왔고, 설상가상 아예 답변조차도 못 했다고 하더라도 그렇게 좌절할 필요는 없습니다. 또 한번 강조드리지만, 면접은 절대로 구술시험이 아니기 때문입니다. 물론, 면접관들도 이미 이 사실을 잘 알고 있습니다.

그래서, 면접관의 관점에서 생각해볼 필요가 있습니다.

사실 직무에 적합한 사람인지를 파악하는 것은 1차 실무진 면접관이 해결해야 하는 가장 큰 지상과제이자 면접의 목표입니다. 마음 같아서는 미주알고주알 자신이 아는 것들을 모두 다 물어보고 쥐어짜서 면접관이 스스로 만족하는 1등부터 꼴등까지의 지원자 순위를 매기고 싶은 마음이지만, 안타깝게도 면접 시간 자체가 충분하지 않습니다.

기껏해야 30분에서 40분 안팎의 시간 동안 그것도 3명, 4명, 5명의 지원자들을 상대로 뭔가 직무에 관한 심도 있는 직무 질문을 한다는 것은 더군다나 그 자체가 힘든 일이기도 합니다. 왜냐하면, 머리를 써야 하기 때문입니다. 가뜩이나 이미 현업의 저 많은 일들을 포기하고 '내가 지금 뭐 하는 짓이지?'를 되뇌이며 면접장에 앉아 있는 실무진 면접관들에게 머리까지 쓰라고 한다면 그건 너무 가혹한 것입니다.

(1) 면접관의 간 보기 질문

그래서! 똑똑한 면접관들이 한 가지 방법을 생각했습니다. 어차피 고만고만한 학부생 수준의 지원자라면, 모든 지원자에게 직무에 대해 하나하나 꼼꼼하게 물어보는 바보 같은 짓을 하지 말고, 좀 가능성 있는 지원자에게 집중해서 심도 있는 직무 질문을 하자는 효율적인 방법을 생각해 낸 것입니다.

그리고 이를 위해서 지원자들을 대상으로 일종의 '간'을 보는 질문이 필요함을 느끼게 되었고, 그래서 다음과 같은 '간' 보기식 질문을 만들어 내게 됩니다.

유형 1. 박조은 씨. 본인이 A직무에 왜 적합하다고 생각하는지 말씀해 보시기 바랍니다.

유형 2. 나상우 씨. B직무에 대해서 아는 대로 말씀해 보세요.

유형 3. 이진현 씨. C직무가 어떤 업무들로 구성되어 있는지 '설명'해 보세요. 상상하지 말고 실제 업무 구성요소를 말씀해 주세요. 아셨죠?

만일, 여러분들이 면접관이 던지는 위와 같은 질문에 답변을 하고, 면접관이 그 답변에 대한 계속적인 추가 질문을 던지는 상황이 연출된다면, 여러분들은 면접관의 관심 대상이 된 것입니다. 즉, 가능성 있는 지원자로 지금 인정받고 있음을 의미한다는 말입니다. 축하합니다.

하지만, 열심히 답변했음에도 불구하고, 면접관이 그저 한번 듣기만 하고 그 어떤 집중의 모습도 보이지 않는 연출과 함께 바로 다른 지원자에게 다른 질문을 던지는 상황이 온다면, 여러분들은 면접관의 관심에서 제외가 된 상황입니다. 안됐습니다.

뭐. 이런 맥락에서 질문과 답변이 이루어지는 경우가 참으로 많습니다.

그러면, 이제 지원자의 입장에서 이와 같은 상황에 어떻게 대처해야 하는가? 하는 문제를 해결해야 할 것 같습니다. 하나씩 살펴보도록 하겠습니다.

먼저, '본인이 이 직무에 왜 적합하다고 생각하세요' 또는, '본인이 이 직무에 적합한 사람임을 설득해 보세요'와 같은 질문 유형이 있습니다. 면접관의 관점에서 '내가 하나하나 꼬치꼬치 물어보기 싫으니 니가 알아서 얘기해 봐'라는 의도가 다분히 깔려 있는, 사실은 그리 착하지 않은 질문입니다. 하지만 이와 같은 질문은 '너! CLT기법에 대해서 말해봐' 식의 일방적이고 무식한 질문들보다는 그래도 조금은 친절한 것 같은 질문임에 틀림없습니다. 적어도 '모르겠는데요. 죄송합니다'라는 말 대신 자기 주도로 그나마 답변을 이끌어 나갈 수 있기 때문입니다.

이 유형의 질문에는 답변을 잘해야 할 것 같습니다. 소위 말하는 직무적합성의 본질을 이해하고 있어야 합니다. '자신이 그 직무에 맞는 사람임을 어떻게 납득되게 설명할 수 있을까'를 설명해 주는 놀라운 가이드가 있습니다. 바로 NCS(국가직무능력표준)의 직무수행능력이 그것입니다. NCS는 누군가가 그 직무를 수행하기 위해서 반드시 필요한 요소를 '지식'과 '기술' 그리고 '태도'라는 요소로 구별하고 있습니다.

어디선가 많이 본 것 같다면 여러분은 이 책을 충실하게 읽은 분들이고, '와! 또 새로운 정보인걸'이라는 감정을 느낀다면, 당장 자기소개서의 내용이 어떻게 면접관의 질문으로 바뀌는가를 설명한 앞부분을 다시 읽어보라고 말씀드립니다. 뭐, 사실 이렇게 말해도 귀찮은 분들이 대부분일 테니 제가 그냥 앞의 자료를 다시 가져와 보여드리겠습니다.

> **1) 지식성:** 지원자는 직무에서 요구하는 지식 수준을 충족하고 있는가? □
>
> **2) 적용성:** 지원자는 자신이 가진 직무 관련 지식의 직접적인 적용 가능성이 있는가? □
>
> **3) 태도성:** 지원자는 직무에서 요구하는 태도적인 부분을 충족하고 있는가? □

이제 기억이 나시죠?

우리는 역시 이를 근거로 답변을 구성해야 할 것 같습니다. 면접관을 설득시킨다는 것은 결국 그들이 납득할 만한 이야기를 해야 함을 의미하고, 그 납득은 결국 통으로 덤비지 말고, 세부적으로 구조화해서 하나씩 논리를 전개하는 방식으로 그 방법을 찾아야 할 것입니다. 그 사례를 한 번 보도록 하시죠.

면접관 박조은 씨. 본인이 왜 마케팅 직무에 적합하다고 생각하는지 말씀해 보시기 바랍니다.

지원자 네. 먼저 영업관리 직무를 수행하는데 기초가 되는 소비자분석론과 마케팅조사방법론 등의 전공과목을 집중해서 수강하며, 마케팅에 적용되는 다양한 지식을 배웠습니다. 다음으로, 전공에서 배운 지식들을 활용하여, '생필품의 유형별 제품 수명 조사'라는 주제로 제14회 전국 대학생 마케팅 아이디어 공모전에서 은상을 수상했던 경험이 있습니다. 마지막으로, 마케팅 담당자는 냉철한 분석력을 바탕으로 해야 하기에, 이와 같은 감각을 키우고자 동화식품 서베이팀에서 진행되는 아르바이트에 지원하여 3개월간 활동했습니다. 이와 같은 경험과 노력이 있었기에 저는 마케팅 직무에 적합한 사람이라고 생각합니다.

면접관 그동안 준비 많이 하셨네요. 그럼 보다 세부적인 내용을 좀 물어볼까요?

여러분들이 위의 상황을 읽어보고 뭔가 '있어 보임'을 느끼셨다면, 그건 면접관도 다르지 않음을 의미합니다. 다만, 사례에서 언급한 저 잘나빠진 지원자처럼 대단한 경험이 없어도 됨을 다시 한번 알려드립니다. 중요한 것은 설득의 '흐름'이고, 말을 풀어내는 '방법'니다. 자신의 경험과 그동안의 노력들을 위와 같이 재구성해 보시기 바랍니다.

주절거리는 것이 아닌 '요약'이 되어야 하고, 뭐든 최대한 갖다 붙여 '연결'시켜야 함을 분명하게 인식하고 있어야 합니다. 여러분들은 서류가 통과되어 면접장에 있다는 사실을 자각해야 합니다. 뭐든지 말해야만 한다는 말입니다.

우리는 지금 면접의 중반부에서 지원자가 얼마나 자신의 직무에 적합성을 보이는가? 라는 면접관의 의문에 대응하는 방법을 고민하고 있습니다.

(2) 지원한 직무에 대해 묻는 질문

다음으로, '지원자님 니가 지원한 직무에 대해서 아는 대로 그냥 좀 말해보세요'라는 유형의 질문이 있습니다.

이 역시 지원자가 알고 있는 수준에서 말할 수밖에 없는 구조이므로 '간' 보는 질문의 전형적 패턴입니다. 사실, 이 질문은 그렇게 어렵지 않습니다. 답변하는 방법이 전형적으로 구성되어 있기 때문입니다. 간단합니다. 일단 3가지 정도 직무의 세부적인 업무 내용을 늘어놓고, 그 중에 한 가지에 의미를 부여한 후, 자신의 경험을 말하는 방식입니다. 다음의 예시를 보시면 바로 이해가 될 겁니다.

면접관 나상우 씨는 생산관리 직무에 지원하셨죠?

지원자 네. 생산관리 직무에 지원했습니다.

면접관 그럼, 생산관리 직무에 대해서 아는 대로 말씀해 보세요.

지원자 네. 제가 지원하는 생산관리 직무는 크게 세 가지 업무로 구성되어 있다고 알고 있습니다.

첫째는 생산관리 수립 업무이고, 둘째는 원자재 수급관리이며, 마지막으로 세 번째는 공정관리 및 개선 업무입니다. 이 중에서 제가 가장 많은 관심을 가지고 있는 것은 두 번째 원자재 수급관리입니다. 왜냐하면, 실제 삼호중공업에서 인턴 경험 당시 원자재의 부족으로 인하여 정해진 납기일을 맞추는데 어려움을 느끼는 현장의 상황을 직접 경험했기 때문입니다. 그래서 저는 앞으로 원자재 수급관리에 더욱 신경 쓰는 생산관리자가 될 것입니다.

면접관 그동안 준비 많이 하셨네요. 그럼 보다 세부적인 내용을 좀 물어볼까요?

위에서 언급된 '업무'란 직무를 구성하는 하위요소입니다. 이 패턴이 좋은 이유는 직무가 어떻게 이루어져 있는지에 대해,

하위요소인 업무를 언급하는 객관적인 부분과 자신의 생각과 경험을 어필할 수 있는 주관적인 부분이 균형을 맞춰 효율적으로 답변할 수 있다는 것입니다. 이는 차후에 이어지는 면접관의 후속 질문에 대한 떡밥이라는 훌륭한 역할을 합니다. 따라서 어떤 특정 조건을 언급하지 않고 직무에 대해 아는 대로 말해보라면, 저는 이 패턴을 권유드리고 싶습니다.

마지막으로, 최근에 목격되고 있는 '니 생각 필요 없고, 직무에 대해 제대로 설명해봐'라는 방식에 대하여 말씀드리도록 하겠습니다. 어찌 보면 진짜 무식한 방법일 수도 있는데, 진짜 사전적인 객관적인 정보만을 지원자에게 요구해서 그 지식의 집중성을 확인해 보고자 고안된 질문입니다. 이때 자신의 생각이나 의견, 경험을 말하지 말라고 전제조건이 붙여지는 경우가 있습니다. '어디 얼마나 알고 있는지 보자!'라는 의도가 반영된 결과입니다. 따라서 이와 같은 전제조건이 붙었다면 괜한 소리 해서 일부러 점수를 깎일 필요는 없다는 것입니다.

다행스런 것은 회사의 정보가 아닌 직무의 정보라는 것입니다. 한 번 준비해 놓으면 A기업, B기업 죄다 갔다 쓸 수 있는 것이니 이 시나리오를 준비하며 그리 억울한 마음은 없었으면 좋겠습니다. 근데, 이건 그냥 객관적인 사전식 정보이니 뭐 특별하게 드릴 말씀이 없습니다. 이전의 요구사항과 뭐가 어떻게 다른지 비교해 보라는 의미에서 생산관리 직무를 예시로 들어보겠습니다.

면접관 이진현 씨. C 직무가 어떤 업무들로 구성되어 있는지 '설명'해 보세요. 본인의 의견이나 생각 또는 경험 이야기하면 안 됩니다. 아셨죠?

지원자 네. 생산관리 직무는 생산계획 수립이 먼저입니다. 사업목표와 연계하여 타부서에서 나온 수요예측과 영업수주에 근거하여 생산요구량을 파악합니다. 이때는 생산 가능량과 제품 재고량을 함께 고려해야 합니다.

다음으로 생산실행입니다. 수립된 생산계획이 실현될 수 있도록 생산을 직접 실행하고 실적을 관리합니다. 이때는 생산량과 생산지표를 평가하는 실적관리와 적정 인력을 투입하고 교육하는 인원관리가 동시에 이루어져야 합니다.

다음에는 원자재 수급관리입니다. 원자재와 부자재의 소요량을 산출하여 공급받은 자재의 적정재고를 항시 유지하여 최적의 생산이 가능하도록 해야 합니다. 다음은 공정관리 및 개선입니다. 생산 요구에 따른 생산량을 납기 내에 맞출 수 있도록 모든 공정을 비효율이 발생하지 않도록 관리합니다. 다음으로는~

면접관 그만하면 됐습니다. 그동안 준비 많이 하셨네요. 그럼 보다 세부적인 내용을 좀 물어볼까요?

위의 사례에서 리얼하게 보이는 것처럼, 세 번째와 같은 패턴의 경우에는 보통 중간 정도에서 면접관이 '그 정도면 됐다!' 하고 중단시키는 경우가 많습니다. 따라서, 답변이 중간에 끊겼다고 좌절하거나 슬퍼할 필요는 없습니다. 오히려 지원자의 준비성과 직무를 향한 애정에 대해서 좋은 평가가 이루어지고 있는 상황이기 때문입니다.

여러분들이 느껴지기에 세 번째가 가장 극악으로 보이겠지만, 면접관의 관점에서는 오히려 세 번째 패턴에 대한 지원자의 답변이야말로 직무에 대한 지원자의 신뢰도를 가장 확실하게 파악할 수 있는 방법이라는 믿음이 있습니다. 따라서 '아냐. 절대 아냐. 이렇게까지는 물어보지 않을 거야'라는 스스로의 이상한 확신보다는 위에서 언급된 정도로 자신의 직무를 정리한 시나리오 정도는 기억해야 할 필요성이 있습니다. 어차피 입사한 후 자신이 해야 할 일입니다. 회피하는 모습을 보여서는 안 될 것입니다.

＊이 밖에도 이 직무를 하는데 필요한 본인이 가지고 있는 '○○ 능력' 또는 '역량'에 대해서 말씀해 주세요, 라는 방법이 있을 수 있습니다. 중요한 것처럼 보이지만, '문제해결력'이니 '분석력'이니 하는 일반적인 역량은 사실 최근의 면접에서는 그리 강조되지 않습니다.

예를 들어, '본인이 가진「관찰력」을 경험을 바탕으로 자세하게 말씀해 보세요'라는 식의 질문에 답변하지 못할 지원자는 없을 것이고, 또 면접관의 관점에서도 그 답변을 듣는다고 해서 지원자끼리의 마땅한 변별력을 찾을 수 없기 때문입니다.

지원자의 직무역량은 '너「적응력」있어?'와 같이 간단한 질문으로 판단되는 것이 절대 아닙니다. 직무 자체가 단편성이 아닌 '종합성'을 가지고 있기 때문입니다. 이 책에서 직무와 관련된 전체적인 질문을 폭넓게 다루는 것이 이에 대한 이유입니다.

직무에 대한 공부를 위해서, 먼저 필요한 직무의 정보를 찾는 방법을 간략하게 알려드립니다. 직무에 대한 정보는 가장 먼저 여러분들이 지원하는 기업의 채용 전용 홈페이지 등에서 '직무 안내'를 참조하는 것이 첫 번째가 되어야 할 것 같습니다. 예를 들어, 기업 홈페이지→채용→직무 소개 등과 같이 보통은 간략하게라도 자신의 직무를 소개하고 있는 경우가 많습니다.

따라서 이에 대한 자료는 바로 그 기업의 이야기가 되기 때문에 중요한 자료가 됩니다.

큰 기업이 아니거나 채용 전용 홈페이지에 직무와 관련된 정보가 없는 경우에는 잡코리아와 같은 채용 포털의 정보(직무 인터뷰) 등과 같은 취업 포털의 정보가 많은 도움이 됩니다. 주로 로그인 없이 무료로 볼 수 있을 뿐만 아니라 다양한 기업의 실무자와 인터뷰를 했기 때문에 바로 그 기업의 정보가 아니더라도 직무의 공통점 또는 교집합을 찾아내기에 적합한 정보입니다.

또한, 채용공고를 통해 주요 업무와 유의사항도 확인할 수 있습니다. 최근에는 채용공고에서 직무 내용을 디테일하게 설명해 주는 기업이 많습니다. 업무의 착오를 방지하고 허수 지원을 예방하려는 이유입니다. 채용공고에 따라 다르겠지만 이 역시 직무에 대한 개략적인 내용을 이해하는 데는 좋은 정보가 될 수 있습니다.

2) 면접 현장에서의 중반부 질문 유형

지금까지, 면접관이 물어보는 '간' 보기식 직무 확인 질문과 그 대응법에 대해 알아봤습니다. 그렇다면, 이후에 진행되는 보다 더 세부적인 직무 관련 질문들의 향연을 보도록 하겠습니다. 어차피 직무마다 답변이 다를 수밖에 없고, 남의 답변 들어봐야 뭔 말인지 알지도 못할 거기에, 여기에서는 면접관의 질문과 그 의미에 초점을 맞춰 면접장에서 여러분들께 요구될 수 있는 질문들을 총 정리해 보도록 하겠습니다.

① **면접관** 지원자. 본인이 지원한 직무가 정확히 뭡니까? (K 항공, H식품)

▶ 자기소개서의 내용에 직무에 대한 집중성이 보이지 않거나, 서로 다른 직무의 내용이 언급된 경우 보통은 이렇게 확인을 해보는 질문을 합니다.

② **면접관** 본인이 지원한 직무를 우리 기업에서는 뭐라고 부르는지 아세요? (L정보통신)

(그 기업에서 불리우는 특수한 직무 명칭)

▶ 유달리 그 기업만의 특수한 직무가 있습니다. 이런 경우는 그 직무를 부르는 이름도 특이한 경우가 많습니다. 면접관은 바로 이 부분을 확인하는 것입니다. 이는 기업이 제공하는 직무 소개 정보를 참조하거나, 채용공고를 확인하여 미리 준비하여야 합니다.

③ **면접관** 본인이 속하게 되는 부서가 어디인지 아세요? (D
인터넷 포털)

▶ 직무는 조직 속에서의 특정한 일을 말하기 때문에, 이 역시 조직도
등을 참조하여 미리 확인해야 할 사항입니다.

———

④ **면접관** 본인이 소속될 그 부서의 대표적인 업무 3가지에
대해서 말씀해 보세요. (D상사)

▶ 지원자가 가진 단편적이고 지엽적인 직무 정보를 보다 큰 시각에서
확인하고자 하는 질문입니다. 직무 인터뷰 등의 자료를 활용하여 첫째
~, 둘째~, 셋째~ 로 구별하여 답변하시기 바랍니다. 이와 같은 정보는
평상시에도 궁금증을 가지고 있다가 박람회 또는 채용설명회 등의 장
소에서 실무자에게 직접적으로 물어봐서 확인하는 것도 좋은 방법입
니다.

———

⑤ **면접관** 본인의 부서와 가장 연관성이 많은 부서는 어디
이고, 그 이유는 뭐라고 생각합니까? (L패션)

▶ 역시 단편적인 직무의 내용을 벗어나, 조직 전체에서 자신이 속한
부서와 타 부서와의 연계성에 대한 내용을 확인하는 질문입니다. 세
상의 모든 것은 서로 연결되어 있기 마련입니다. 최근에는 특히, 경력

직이나 경력신입(올드루키)을 대상으로 진행되는 면접에서 이렇게 조직 전체를 관망하는 시각을 물어보는 질문들을 심심치 않게 만나게 됩니다.

———

⑥ **면접관** 본인의 직무에서 대표적인 업무 3가지는 무엇인가요? (J엔지니어링)

▶ 직무나 부서나 똑같습니다. 이미 위에서 다뤘으니 넘어가도록 하겠습니다. 단순하게 세 가지만 말하는 것보다는 위에서 알려드린 시나리오를 적용시켜 답변하는 것이 훨씬 더 멋지게 보인다는 것도 함께 알려드립니다.

———

⑦ **면접관** 방금 말씀하신 그 각각의 업무 진행 프로세스에 대해서 말씀해 보시겠습니까? (M보험)

▶ 어려운 질문입니다. 별도의 공부를 해야 하기 때문입니다. 물론 대부분의 지원자가 선명하게 답변하지 못하는 경우가 대부분입니다. 따라서 제대로 된 답변을 하지 못했다고 해서 속상해할 필요는 없습니다. 하지만 이에 대한 명확한 답변을 구성할 수 있다면 정말 좋은 평가를 받게 됩니다. 면접 현장에서 애드립으로는 절대 해결할 수 없는 부분이기에 미리 공부하여야 합니다.

⑧ **면접관** 그렇다면, 말씀하신 각 단계별로 발생할 수 있는 보편적인 문제점은 무엇인지 말씀해 보세요. (H공기업)

▶ 위의 7번과 연계된 질문으로 마찬가지로 어려운 질문입니다. 스스로 고민하고 별도의 자료 수집을 통한 공부를 하지 않으면 결코 해결할 수 없는 질문입니다.

———

⑨ **면접관** 그렇다면, 그 각각의 극복방안은 어떤 것이 있습니까? (S정유)

▶ 갈수록 어려워집니다. 그나마 다행인 것은 이와 같은 질문을 받을 확률보다는 받지 않을 확률이 좀 더 많다는 것인데, 하지만 물어보면 답변해야 하는 것이 지원자들의 운명입니다. 이제 어떤 부분이 자신에게 부족했는지 아시겠습니까? '모든 걸 다'의 관점이 아닌 '여기 나오는 이것만큼은 확실하게 말할 수 있도록 준비해야지'의 관점을 갖고 직무 공부에 소홀함이 없어야 할 것입니다.

———

⑩ **면접관** 해당 직무에서 가장 필요로 하는 역량 3가지는 뭐라고 생각합니까? (G백화점)

▶ 역량이라는 말이 나왔습니다. 태도 말고 능력이라는 원칙을 다시 한 번 마음에 새겨야 할 것입니다. 능력 중에는 모든 실무자가 가져야 할

공통적인 역량도 있지만, 오로지 자신의 직무에서만 특별하게 필요로 하는 능력이 있습니다. 이를 직접역량이라고 생각하시면 됩니다. 위에서 알려드린 것처럼, 직무에 대한 공부를 하다 보면 자연스레 알게 되는 사항입니다. 이와 같은 질문에 대한 답변 방식은 요약이 그 생명입니다. 예를 들어 보겠습니다.

지원자 '네. 첫째, 응용력(간접역량)입니다. 독자적인 기술보다는 융합되는 기술이 중요하기 때문입니다. 둘째, 변위기에서 도출된 진동 정보에 대한 분석력(직접역량)입니다. 기술적 문제를 해결하려면 그 문제에 대한 정확한 분석이 필요하기 때문입니다. 셋째, 문제해결 역량(간접역량)입니다. 반드시 문제를 실질적으로 해결하는 능력이 있어야 장기간의 프로젝트에서 지치지 않을 수 있습니다'

직무의 내용은 기업마다 그렇게 큰 차이를 보이는 것이 아닙니다. 따라서 면접관의 질문에 대비하기 위해서 사례와 같은 세 가지 기본 역량을 기본적으로 설정해 놓고, 이와 관련된 자신의 생각과 관련 경험을 정리해 놓는 것은 좋은 방법입니다.

⑪ **면접관** 그럼 그 세 가지 역량 중에서 본인이 가장 어필할 수 있는 것은 무엇입니까? (J신문)

▶ 생각보다 어려운 질문입니다. 우선순위를 정하여 답변해야 하기 때문입니다. 무턱대고 한 가지를 정하여 그냥 관련된 경험 붙여서 이야기하면 안 된다는 말입니다. 즉, 그 직무에서 가장 중요한 제1역량을 찾아 그것이 자신이 가장 잘하는 것임을 어필해야 합니다.

직무역량의 우선순위는 위에서 알려드린 정보를 종합하여 스스로 재구성해야 합니다. 즉, 이것 역시 공부를 해야 알 수 있다는 말입니다. 이렇게 정해진 역량 한 가지에 자신의 경험을 근거로 하여 답변하면 됩니다. 그리고 부정적인 내용을 모두 빼고 긍정적으로 이야기해야 합니다.

⑫ **면접관** 그렇다면, 그 세 가지 역량 중에서 본인이 가장 부족한 것은 무엇입니까? (S홈쇼핑)

▶ 마찬가지입니다. 무턱대고 답변하지 말고, 우선순위를 고려하여 답변하여야 합니다. 즉, 직무에 있어서 가장 필요한 제1역량이 자신에게 가장 부족한 역량이 되면 절대 안 됩니다. 낮은 순위의 직무역량을 하나 정하여 왜 그 부분이 부족한지를 경험을 통해 설명하고, 반드시 이를 극복하고자 현재 어떤 노력을 하고 있는지 함께 설명해야 합니다.

이 질문에 대해 지원자가 단순하게 부족한 부분만을 이야기한다면, 반드시 그 다음에는 그 부분을 어떻게 노력하고 있는지 물어보는 꼬리질문이 따라붙게 됩니다. 이건 거의 예외가 없습니다.

______

⑬ **면접관** 본인은 스스로 생각했을 때, 지원한 직무에 적합한 성격을 갖고 있다고 생각합니까? (H제지)

▶ 적극성을 보여야 하는 영업 직무나 치밀함이 요구되는 설계 직무 등에서는 각각 직무 특성을 고려한 성격이 필요할 수 있습니다. '성격의 장단점' 항목과 같이 자기소개서의 내용에 성격적인 부분의 언급이 있다면 이를 확인하는 목적으로 질문이 들어올 수 있습니다.

하지만 자기소개서의 내용에 이에 대한 언급이 없다면, 특정한 성향적인 특수성을 갖는 직무의 경우 성격의 적합성의 여부에 대하여 확인하는 질문을 할 수 있습니다. 물론 빈도 수가 그리 높은 질문은 아닙니다. 한 번만 미리 생각해보고 그 근거가 되는 경험과 함께 시나리오를 만들어 놓으면 끝나는 일입니다.

______

⑭ **면접관** 전공 중 해당 직무와 밀접한 관련성이 있는 과목 두 가지만 말씀해 보시겠습니까? (H중공업)

▶ 이 질문은 전공이 직무와 직접적인 관련성을 갖는 이공계 면접장에서 간혹 목격되고 있지만, 오히려 전공무관의 직무를 뽑는 면접장에서 더 많은 빈도 수를 보이고 있는 질문입니다. 면접관의 관점에서 바라보

면, 이공계의 경우 지원자가 자신이 지원하는 직무를 염두에 두고 특히 어떤 전공에 보다 더 집중하여 노력했는지 확인하여 지원자가 가진 직무 인식성을 검토할 수 있습니다.

또한 전공무관 직무의 경우에도 비록 직접적인 관련성은 없지만, 조금이라도 직무에 도움이 되는 연결점을 찾아 어필하려는 지원자의 모습을 통해, 직무에 대한 인식성을 확인하려는 의도가 있는 것입니다.

면접관 문화콘텐츠 전공에서 배우는 전공과목 중에 영업에 특별하게 도움이 되는 과목이 있었나요?

지원자 네. 영업에 도움이 되는 과목으로 '드라마 시나리오 창작론'을 말씀드리고 싶습니다.

면접관 어떤 이유가 있어요?

지원자 네. 드라마 시나리오 창작론은 각 상황에 처한 관련 인물들의 상호 관계성을 고려하여 시나리오를 구성하는 과목입니다. 영업에 있어서도 상황에 맞는 시나리오가 있어야 한다고 알고 있습니다. 과목에서 배웠던 내용을 바탕으로 영업현장에서 쓸 수 있는 좋은 시나리오를 짜서 활용하겠습니다.

⑮ **면접관** 본인의 직무에서 가장 빈번하게 발생할 수 있는 실수는 어떤 것이 있을까요? (A항공)

▶ 어려운 질문입니다. 진짜 알아야 답변할 수 있기 때문입니다. 중요한 것은 단순하게 본인의 의견을 묻는 것이 아니라는 것입니다. 실질적인 업무 상황을 가정하여 답변해야 하기 때문에 어설피 답변할 수도 없을 뿐만 아니라, 답변 이후 추가적인 꼬리물기 질문도 얼마든지 들어올 수 있습니다.

물론, 신입 지원자에게 경력직 수준의 답변을 요구하는 것은 아닙니다. 하지만 면접장에서 만나는 모든 지원자가 이미 일정 수준 이상의 모습을 보이는 상황에서, 이와 같은 직무 관련 질문은 부득이하게 지원자들을 선별할 수밖에 없는 면접관들의 고민이 반영된 결과물일 수도 있습니다.

⑯ **면접관** 본인의 직무에서 발생할 수 있는 돌발상황이 있다면 어떤 것이 있을 수 있나요? (D유통)

▶ 어려운 질문입니다. 계속해서 말씀드리지만 직무에 대해서는 별도의 공부를 할 수밖에 없습니다. 그리고 이와 같은 질문은 사례를 들어 답변할 때 더 좋은 평가를 받게 되므로, 답변 내용의 디테일 또한 중요합니다. 직무에 따라 답변 또한 천차만별일 테지만, 여기에서는 영양사 직무를 기준으로 예시를 들어보도록 하겠습니다. 내 직무와 관련이 없

는 직무라고 생각하지 말고 답변의 원리를 파악해 보시기 바랍니다.

지원자 네. 영양사로서 단체급식 상황에서 잘못된 정보에 의해 식수를 잘못 예측하여 배식에 차질을 가져온다면 정말 큰 일입니다. 당장 식사를 하지 못한 고객들의 컴플레인이 제기됨은 물론이고, 추가 음식을 급조하여 제공한다 해도 식사 품질의 차별성을 가져오기 때문에 또 다른 컴플레인이 제기될 수 있습니다. 또한, 무엇보다 급식운영업체에 대한 신뢰도에 문제가 발생할 수 있기 때문에 이게 가장 큰 돌발상황의 문제점인 것 같습니다.

———

⑰ **면접관** 그런 상황이 발생하면 지원자는 어떻게 대처하시겠습니까? (O저축은행)

▶ 요즘 면접이 이렇게까지 갈 때까지 갔음을 알 수 있는 질문입니다. 단순하게 그와 같은 상황에서 어떻게 할 거냐?가 아닌, 실질적인 업무 프로세스를 알고 있는가?를 확인하는 질문입니다. 공부하셔야 합니다. 16번과 연결되는 질문이니 계속 영양사 직무의 사례를 보도록 하겠습니다.

지원자 네. 일단 정확한 추가 식수 인원의 파악이 가장 중요합니다. 그리고 파악된 인원을 바탕으로 추가 식사의 종류를 결정해야 할 것 같습니다. 아침의 경우에는 빵 종류도 문제없겠지만, 점심이나 저녁 시간이라면 밥을 더 선호하는 고객의 특성을 고려해서 메뉴를 빠르게 결정해야 할 것입니다. 메뉴가 정해졌다면, 보통은 식사 시간이 정해져 있는 경우가 많기 때문에 추가 식사 제공에 걸리는 시간을 정확하게 통보하는 것이 중요합니다. 다음으로 식사의 품질에 차이가 있음을 미리 공지하고 양해를 구하여 고객들의 컴플레인에 미리 대처해야 할 것입니다.

⑱ **면접관** 과거에도 이와 유사한 상황을 만나 대처했던 경험이 있습니까? (S대학교병원)

▶ 이 질문에 대한 답변 역시 단순한 경험의 나열이 되어서는 안 될 것입니다. 직무 상황에 대한 정확한 이해를 바탕으로 그 상황에 대한 공통적 속성을 파악하여 답변해야 합니다. 역시 계속 연결하여 답변 사례를 보도록 하겠습니다.

지원자 작년에 학과에서 종산구청과 연계하여 독거노인 분들에게 식사를 대접하는 행사를 한 적이 있습니다. 원래는 구청 직원분께서 알려주신 대로 100명의 식수를 예정했는데, 행사 당일에는 거의 150명 이상의 어르신들이 오셔서 일부 어르신들께 식사를 아예 제공하지 못한 경우가 있었습니다.

현장의 사정으로 도저히 음식을 만들 수 없었기에, 임시로 쿠폰을 발급해 드리며 학교로 찾아오시면 반드시 맛난 음식을 대접하겠다고 말씀드렸던 경험이 있습니다. 이때, 식수 예측이 문제가 되는 것은 두 가지 경우가 있음을 배웠습니다. 식수 인원을 통보하는 상대측과의 커뮤니케이션에 오류가 있는 것이 첫 번째고, 적절한 대응을 하지 못하는 경우가 그 다음이라고 생각합니다.

———

⑲ **면접관** 해당 직무에서 가장 크게 인정받는 성공은 뭐라고 생각하십니까? (M건축)

▶ 역시, 직무에 대한 인식을 확인하는 질문입니다. 중요한 것은 개인적인 성공을 말하는 것에 집중하지 말고, '기업과 함께'라는 인식으로 접근해야 하는 것이 포인트입니다. 이번엔 다른 직무를 대상으로 예시 답변을 보도록 하겠습니다.

지원자 네. 차량설계 분야의 특허를 취득하는 것입니다. 특허를 취득한다는 것은 타 기업이 생각하지 못했던 부분을 고민하여 성과를 이루어냈음을 의미합니다. 그리고 이는 그대로 기업의 경쟁력으로 이어집니다. 그래서 저는 이것이 차량설계 엔지니어가 가장 크게 인정 받는 성공이라고 생각합니다.

⟶

㉓ **면접관**　해당 직무에서 본인은 앞으로 어떤 전문가로 성장하고 싶습니까? (S섬유)

▶ 이 질문 또한 직무적 인식을 확인하는 질문입니다. 보통은 입사지원서에 언급된 입사 후 포부 항목과 연계된 질문이 이루어지는 경우가 많습니다. 이때는 '최고의 철강 전문가가 되겠습니다'와 같은 전체적이고 추상적인 큰 덩어리의 답변을 피하고, 디테일한 한 분야를 정하여 바로 그 영역의 전문가가 되겠다고 말하는 것이 훨씬 더 직무에 집중하는 지원자로 평가받게 됩니다. 역시 다른 직무를 사례로 보겠습니다.

지원자　네. 저는 앞으로 FINEX 공법의 오염물질 제거 전문가가 되고 싶습니다. 친환경이 모든 산업의 중요 이슈가 되고 있는 상황에서, 비록 황산화물과 질소산화물 등 대기 오염물질이 획기적으로 줄었지만, 환원 과정에 대한 추가적인 개선의 여지는 얼마든지 있다고 판단됩니다. 따라서 제가 이 분야의 전문가가 되어 우리 P기업의 제철기술을 더욱 더 발전시켜보고 싶습니다.

———

㉑ **면접관** 해당 직무의 실무자로서 기업의 발전을 위하여 지원자가 제안하고 싶은 것(아이디어, 신상품, 새로운 사업분야 등)은 무엇인가요? 그 이유와 함께 말씀해 주세요. (N인터넷 포털)

▶ 보통은 기업의 P/T 면접의 주제로 나오는 질문이지만, 일반 면접장에서 직접 물어보는 경우도 자주 목격됩니다. 만일 여러분들이 이와 같은 질문을 받는다면 그때까지는 면접관에게 상당히 좋은 평가를 받고 있는 상황이라고 보면 됩니다. 이 질문은 이공계의 기술 관련된 질문보다는 서비스 분야의 직무에서 보다 많은 빈도 수를 보이고 있습니다. 평소 직무에 대해서 집중해서 고민해 봤다면 아마도 한 가지 아이디어 정도는 제시하는데 문제는 없을 것입니다.

더불어, 그 아이디어가 면접관의 관점에서 현실적일수록 보다 좋은 평가를 받는다는 것도 알아둬야 할 것입니다. 이때 좋은 평가를 받을 수 있는 노하우를 말씀드리면, 고객의 입장을 반영하여 답변해 보라는 것입니다. 우리는 지원자이기 이전에 훌륭한 한 사람의 고객임을 잊지 마시기 바랍니다.

지원자 네. 저는 매장에 회전 매대를 도입하는 것을 제안드리고 싶습니다. 편의점은 보통 작은 경우 10평에서 보통은 20평 남짓한 제한된 공간에 입점하는 경우가 대부분입니다. 상대적으로 여유가 없는 공간이다 보니 고객의 입장에서는 보다 다양한 상품의 선택 또한 제한적일 수밖에 없습니다. 저 또한 편의점에서 과자와 같은 제품을 자주 구매하는데, 제품이 다양하지 못해 거의 한 제품만 선택하는 경우가 많습니다. 조금이라도 선택의 폭을 넓히기 위해 다층 회전 매대를 도입하는 것을 검토해 볼 필요가 있다고 생각합니다.

㉒ **면접관** 이 직무가 우리 기업에서 왜 중요한지 아세요? (S 바이오)

▶ 이 또한 직무 인식을 확인해 보는 또 다른 질문입니다. 적어도 자신의 직무가 기업에서 어떤 의미를 가지고 있는지, 이것만큼은 꼭 알고 있었으면 좋겠다는 해당 팀의 팀장이 면접관이 됐을 때 자주 하는 질문입니다. 세상 모든 것에는 각자의 의미가 있는 것처럼, 여러분들이 선택한 직무도 역시 그 기업에서 가장 중요한 직무라는 의미가 있어야 합니다. 이 질문에 적절하게 답변하는 방법이 있습니다. 기업이 이루어놓은 신제품이나 기술혁신, 또는 새로운 서비스 등과 같은 의미 있는 성과와 연결시켜, 이와 같은 성과에 가장 많은 공헌을 하고 있는 직무라고 자부심 넘치게 답변하는 것이 그 방법입니다.

지원자 네. 제가 지원한 기술개발 직무는 기업의 실력을 키우는 중요한 직무입니다. 우리 D중공업은 이번에 중남미에 대규모 해수담수화 플랜트를 새롭게 수주했습니다. 이는 One Module 공법 등 독자적인 기술을 개발해 낸 기술개발 팀의 노력이 있었기에 가능했던 성과라고 믿고 싶습니다.

———

㉓ **면접관** 이 직무를 한 단어로 정의하면 어떻게 정의할 수 있을까요? (H그룹)

▶ 이제 마지막 질문입니다. 약간 추상적으로 보일 수도 있지만, 의외로 이와 같은 질문의 빈도 수가 높은 것이 사실입니다. 다행스럽게도 이 질문은 보통 떡밥용 질문의 특징을 갖는 것이 일반적입니다. 즉, 이 질문에 대한 지원자의 답변 한 가지만으로 지원자의 모든 것을 평가하지 않는다는 것입니다. 지원자의 답변에 대해 면접관이 계속적으로 꼬리질문을 이어 나가는 것이 보통입니다.

지원자 네. 디자이너를 한 단어로 정의하면 '신속'이라는 말로 정의할 수 있을 것 같습니다. 패션은 제품 주기가 빠르다는 특징을 가지고 있습니다. 따라서 그 속도를 따라잡는 것은 물론, 그 과정 중에서 새로운 트렌드를 제시해야 하는 것이 디자이너가 가져야 할 핵심이라고 생각합니다.

면접관 그렇게, 빠르게 제품을 만들어내는 데 있어 가장 신경 써야 할 것이 있다면 뭘까요?

지금까지 알려드린 1번부터 23번까지의 직무 관련 질문은 사실 여러분들이 부담을 가져야 하는 질문들입니다. 여기에서 언급된 질문들은 사실 각자의 업계를 대표하는 47개 기업에서 그동안 가장 빈번하게 목격된 직무 관련 질문들을 정리해 놓은 것이기 때문입니다.

만일, 여러분들이 경험하는 면접에서 직무와 관련된 질문이 전혀 나오지 않았다면, 지금까지의 이 모든 이야기가 의미 없을 것입니다. 무시해도 됩니다. 하지만 직무 관련 질문들이 그 면접의 주요 테마이자 대세가 되는 상황이라면, 이 책에 정리해 놓은 이 질문들이 얼마나 소름 끼칠 정도의 유사성을 갖는지 비로소 알게 될 것입니다.

이래저래 수시 채용 시대이고 직무가 대세인 세상입니다. 이제 직무를 건너뛰고는 입사지원서는 물론, 면접도 결코 통과될 수 없습니다. 그래서 많은 전문가들이 제발 전공에 대한 공부를 하라는 조언을 합니다. 그러한 의미에서 위에서 언급된 질문들은 직무 공부에 대한 훌륭한 가이드를 제시해주고 있습니다.

즉, 어떤 면접장에서도 반드시 나온다는 개념이 아닌, 이 정도 만이라도 준비를 해야 한다는 직무 공부의 수준을 의미한다고 생각하시기 바랍니다. 다시 말해서, '이걸 도대체 어떻게 답변해?'가 아닌, '이젠 이 정도 수준에서 답변해야 하는구나'라는 인식을 가지고 미리 준비해야 한다는 것입니다.

물론, 여기에 언급된 모든 질문들이 하나의 면접장에서 모두 나오는 것도 아닙니다. 이것 말고도 지원자의 경험이나 활동 내역 등에서 더 많은 질문들이 나올 수도 있습니다. 하지만 단 하나의! 정말 단 하나의 직무 관련 질문이라도 나온다면! 바로 그 순간이 바로 기회의 순간임을 알아야 할 것입니다. 수준 있는 답변을 통해서 점수를 획득해야 하는 것이 취준생들의 경쟁력이 되기 때문입니다.

기업은 결국 일 잘하는 사람을 뽑고자 합니다. 그것이 기업을 이루는 조직원들의 핵심이기 때문입니다.

TIP

물론, 여기에 언급된 질문 이외에 더 많은 직무 관련 질문들이 있을 수 있습니다. 하지만 그런 질문들은 한참 전에 이미 언급했던 '가정형 질문'으로 상당 부분 확인이 됩니다.

그나마 다행인 것은, 그 기업에만 존재하는 직무의 진짜 세부적인 내용은 물어보지 않는다는 사실입니다. 어차피 기업 밖으로 노출된 정보가 아니기에 물어본들 면접관이 기대하는 수준의 답변을 들을 수 없다는 사실을 그들도 잘 알고 있습니다. 그래서 직무 관련 질문은 '그 기업의 직무'에 집중이 아닌, '직무 자체'에 집중해도 문제될 것이 없습니다.

그래서 직무 관련 질문은 오히려 쉬운 질문이라고 할 수 있습니다. 제한성이 있는 질문이기 때문입니다. 다시 말해서 거기서 거기인 뻔한 질문이라는 겁니다. 일단, 위에서 언급된 질문들부터 스스로 답변을 구성해 보기 바랍니다. 그게 바로 직무를 공부하는 방법입니다.

(1) 전공과 직무의 직접 관련성을 묻는 질문

만일, 자신의 전공이 직무와 직접적인 관련성을 갖는 경우에는 전공에 대한 질문 또한 만만치 않은 집중성을 보이게 됩니다. 안타깝지만 이 부분은 구체적 사례보다는 전공과 관련된 가장 일반적인 질문 패턴 7가지를 소개하는 걸로 대신해야 할 것 같습니다. 전공에 따라 천차만별의 질문으로 바뀔 수 있기 때문입니다. 다음의 질문 패턴에 직무와 가장 밀접한 관련성이 있는 전공과목의 내용을 대입해 연습하시기 바랍니다.

1. 'A'의 종류에 대해 설명해 보세요

2. 'B'의 절차(순서)에 대해 설명해 보세요

3. 'C'의 특징(특수성)에 대해 설명해 보세요

4. 'D'의 원리에 대해서 설명해 보세요

5. 'E'와 'F'의 차이점에 대해 설명해 보세요

6. 'G'와 'H'의 구분 방법에 대하여 설명해 보세요

7. 'I'가 'G'에 어떤 영향을 미치는지 설명해 보세요

8. 기타

이외에도 '지원한 직무에 도움이 되는 대표적인 과목이 뭐라고 생가하세요?' Or '해당 직무에서는 A가 중요한데, B과목도 들으셨나요? 어떤 이유가 있나요?'와 같이 수강한 과목을 직접 언급하는 질문도 있습니다. 직무와 전공이 일치한다면 이 역시 미리 대비할 필요가 있습니다.

TIP

전공에 대한 내용이 방대하다 보니 위와 같이 질문 예시를 알려 드렸음에도 불구하고 어떤 것을 준비해야 하는지 어려움을 느낄 것 같습니다. 이럴 때는 챗GPT의 도움을 받는 것도 좋은 전략입니다.

(2) 기업에 대한 집중성을 확인하는 질문들

면접관의 관점에서, 지금까지의 모든 과정을 통해 지원자가 마음에 들었다면 이제 최종적으로 확인하는 부분이 있습니다. 바로, '지원자는 정말로 우리 기업에 집중하고 있는 모습을 보이는가?'라는 의문사항이 그것입니다.

최근의 취업난으로 대부분의 지원자들이 여기저기 입사서류를 내고, 면접을 보러 다닌다는 사실을 면접관들은 잘 알고 있습니다. 그리고 막상 힘들게 뽑아 놨더니 입사를 포기하거나 출근한 지 얼마 되지도 않아 바로 그만두고, 다른 기업으로 가 버렸던 신입사원 홍길동에 대한 아픔을 면접관이라면 누구나 하나씩은 가지고 있기 마련입니다. 따라서 이 부분을 반드시 확인하려는 의지가 있습니다. 과연 얼마나 우리 기업에 집중하고 있는가?에 대한 검증입니다.

면접관은 결국 질문을 통해서 지원자를 파악합니다.

지원자가 기업에 집중하는지 확인하는 질문은 크게 다음과 같은 네 가지 패턴으로 구분될 수 있습니다.

가. 기업에 관련된 세부사항 질문 방식

기업에 관련된 세부사항 한 가지를 콕! 찍어서 그것을 아느냐고 물어보는 질문 방식입니다.

▶ 다소 쪼잔한 방식이지만, 그만큼 확실한 방법이기도 합니다. 기업에 대한 정보는 의미적 정보(기술 존중의 마인드가 있는 기업입니다)와 객관적 정보(1982년에 설립되었습니다)로 구성되어 있습니다. 이 중에 정답에 관련된 것은 주로 객관적 정보의 영역입니다. 따라서 대충 감으로 맞출 수 있는 문제가 아닌, 진짜 정답이 존재하기 때문입니다.

그만큼 기업의 입장에서는 의미가 있는 질문이기 때문에 면접관의 관점에서 이에 대한 질문에 지원자가 정확하게 답변했다는 것은 그만큼 지원하는 기업에 대한 관심과 열정이 있음을 검증하는 것이 됩니다. 왜냐하면, 이 같은 정보는 '암기해서' 해야 하는 것이기 때문입니다. 그리고 암기는 곧 그만큼의 노력을 의미한다는 것을 면접관은 잘 알고 있습니다. 사례를 들어 설명해 보도록 하겠습니다.

① **면접관** 김경서 씨. 우리 기업의 전국 지점 수가 현재를 기준으로 몇 개인지 아세요?

▶ 전형적인 '꼭 찍어서' 물어보기 방식입니다. 사실 정답을 알고 있어야 답변할 수 있는 부분입니다. 만일, 정말 모르는 정보라면 위에서 말씀드린 모르는 질문에 대응하는 방법을 참고해서 이 상황에 적용해 보시기 바랍니다.

지원자 네. 41개 지점입니다. 지난 달에 강동역 지점을 마지막으로 오픈한 걸로 알고 있습니다.

면접관 잘 아시네요. 그럼, 그 중에 혹시 직접 방문해본 지점이 있나요?

이와 같은 질문에 시원시원하게 답변한다면 얼마나 좋겠습니까? 괜찮습니다. 앞으로 좋으면 되니까요. 그래서 이와 같은 수준의 답변을 구성하기 위하여 필수적으로 준비해야 하는 질문들을 설명하도록 하겠습니다.

② **면접관** 우리 기업의 주요 사업내용이 뭔지 아세요?

▶ 빈번하게 물어보는 질문입니다. 첫째, 둘째, 셋째 식으로 이야기하고 주력사업을 하나 골라 설명하면 됩니다.

지원자 네. 첫째, 의료 기자재 생산과 둘째, 해외 의료기기 수입, 셋째, 의료용품 유통의 세 가지 사업영역을 가지고 있습니다. 이 중에서 주력사업은 의료용품 유통 사업입니다. 작년 매출액 1조 2000만 원을 달성했다고 알고 있습니다.

———

③ **면접관** 우리 기업의 비전에 대해 말씀해 보세요.

▶ 기업의 비전이 될 수도 있고, 인재상이 될 수도 있습니다. 어차피 자기소개서를 작성할 때 이미 준비한 정보인 만큼, 다시 한번 정리해서 사용하면 문제없습니다. 사례는 생략하도록 하겠습니다.

———

④ **면접관** 우리 기업의 작년 매출액이 얼마인지 알고 계세요?

▶ 기업의 외형적 정보를 물어보는 질문입니다. 정답이 있는 영역이기에 외우기 싫지만 암기할 수밖에 없습니다. 이와 관련된 질문으로는 다음과 같은 것들이 있습니다.

– 작년도 매출액
– 어제 장 마감 주식 가격(종가) 또는 오늘 오전의 주식 가격

- 전국의 대리점 수, 또는 전국의 공장 위치
- 우리 기업의 대표적인 연혁 중에서 기억나는 것
- 홈페이지에서 가장 기억에 남는 것
- 최근 우리 기업의 이슈/뉴스
- 가장 인상적이었던 우리 기업의 성과 한 가지

⑤ **면접관** 우리 기업의 인재상을 알고 계신가요? 자신은 어떤 인재상에 가장 많이 부합된다고 생각하십니까?

▶ 기업에 따라서는 인재상을 다른 말로 '공통역량'이라는 말로 부르기도 합니다. 조직의 모든 구성원이 가지고 있어야 하는 필수적인 역량이라는 뜻입니다. 그래서 인성 면접이라고 이름 붙여진 면접장에서 가장 많이 요구되고 파악되는 것이 바로 이 공통역량인 인재상입니다.

하지만 인재상 보다는 직무역량이 보다 더 강조되는 최근의 면접에서는 '인재상 매칭용 경험정리표'만 가지고도 그리 어렵지 않게 이 상황을 극복할 수 있습니다. 면접관의 평가가 대부분 관련 경험이 있다면, 인재상과 부합된다고 평가하기 때문입니다.

면접관 지원자는 스스로 생각했을 때, 적극적인 사람이라고 생각하십니까? 면접관을 한번 설득해 보시기 바랍니다. (적극적인 인재라는 인재상을 가진 기업의 경우)

지원자 네. 저는 적극성을 인정받은 경험이 많습니다. 대표적인 경험으로 대학교 3학년 때 학교에서 바자회를 직접 주최했던 것과, 16대 학생회장에 도전하여 선출된 경험이 제가 가진 적극성을 잘 나타내는 경험들입니다. 보다 세부적으로 말씀드리면~

뭐. 이런 식입니다. 물론, 보다 더 꼼꼼하게 위에서 알려드린 7가지 질문 방식을 적용해서 지원자가 가진 인재상 즉, 공통역량의 부합성을 확인해 보는 면접관도 있지만, 위의 사례처럼, 아예 인재상을 직접적으로 들이대고 이에 대한 지원자 경험의 유무를 확인하는 면접관이 훨씬 더 많다는 사실을 알려드리고 싶습니다.

따라서 우리가 준비해야 할 것이 있습니다. 위에서 말씀드린 '인재상 매칭용 경험정리표'입니다.

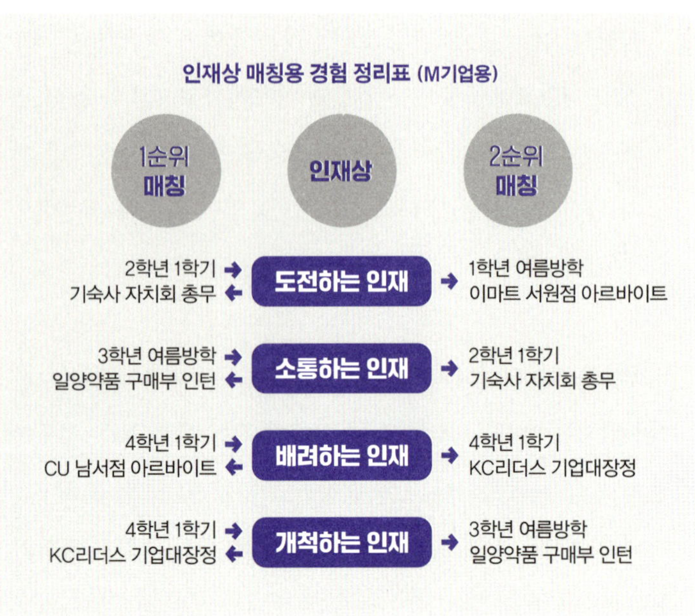

여기에서 2순위가 필요한 이유는 간혹 면접관이 '그 경험 말고 다른 경험 말해 보세요'라는 돌발질문을 하기 때문입니다. 나름대로 미리 준비한 멘트를 거르고자 하는 노력인데, 위의 표만 있으면 그냥 모든 것이 쉬워집니다.

반드시, 기업별로 위와 같은 표를 만들어 면접에 대비하시기 바랍니다. 그리고 그 효과를 몸소 경험해 보시기 바랍니다.

⑥ **면접관** 우리 기업의 대표적인 서비스(또는 상품)이 뭔지 아십니까?

▶ 단순하게 아는가를 물어보기도 하지만, '사용해 봤는가?', '구매해서 써보니 어떤가?'라는 식의 소비자 의견도 빼먹지 않고 물어보기도 합니다. 따라서 제품 사용의 후기를 이야기하면 면접관의 집중성을 이끌어 낼 수 있습니다. 마찬가지의 이유로 대리점이나 판매점이 존재하는 기업의 경우에는 그 현장에 꼭 방문하는 것이 좋습니다.

면접을 단 하루 앞둔 시점이더라도 소비재의 경우 직접 사용해 보는 정성과 대리점에 직접 방문하는 용기가 무엇보다 필요하다는 사실을 꼭 인지하시기 바랍니다.

⑦ **면접관** 우리 기업의 경쟁사 두 기업만 말씀해 보세요?

▶ 동종 업계의 직접적인 경쟁사를 말씀하시면 됩니다. 간혹 이 질문을 창의력을 확인하는 질문이라고 판단해서 아래와 같은 실수는 하지 말아야 할 것입니다.

면접관 업계에서 우리 I게임사의 경쟁사는 어디라고 생각하십니까?

지원자 네. 우리 기업의 경쟁사는 C영화관이라고 생각합니다. 왜냐하면 사람들이 단 시간에 보고 끝내는 문화생활에

익숙해지다 보면 꾸준하게 로그인 하여 장기간의 미션을 달
성하는 게임에 관심을 갖지 않을 수 있기 때문입니다.

면접관 아. 좋은 생각인데요, 근데, 그런 거 말구요. 진짜 경
쟁사 말입니다.

---

⑧ **면접관** 우리 기업의 최근 뉴스 아는 거 있으면 말씀해 주
세요.

▶ 기업의 신제품, 기술혁신, 신기술, 대규모 수주, 아이디어, 특허, 연
구조직, 기술협력, A/S, 사업 확장, 베스트셀러 제품이나 서비스와 관
련된 뉴스 중 '좋은 것'을 이야기하면 됩니다. "네. 우리 기업의 베스트
셀러 상품인 'S제품'에서 최근에 벤조피렌이라는 발암물질이 검출됐다
는 뉴스를 접했습니다"와 같은 답변은 평생 이 기업과의 인연을 끊겠다
는 의지의 표현이니 조심해야 할 것입니다.

물론, 이것 말고 더 많은 사항들이 있겠지만, 일단 위의 질문
을 최소한이라고 생각하고, 이거라도 꼼꼼하게 준비해 보기 바
랍니다. 면접만 통과하면 이제 그 기업의 직원이 되는 겁니다.
그동안 몇 백자 자기소개서도 썼는데 이까짓 몇 가지 정보를
외우는 것은 분명히 쉬운 일에 속합니다.

나. 기업에 대해서 아는 대로 다 말해보라는 질문 방식

▶ 주로, 1번과 같은 질문에 버벅대거나, 잘 모르겠다고 답변하는 지원자들에게 한 번 더 기회를 주기 위한 질문입니다. 그냥 무턱대고 이야기했다가는 스스로 헷갈려 정말 불특정한 정보만 중얼거릴 수 있습니다. 1번의 정보만 준비되어 있다면, 약간만 편집해서 바로 활용할 수 있습니다. 일단, 답변 샘플부터 보도록 하겠습니다.

면접관 우리 기업에 대해서 아는 대로 말씀해 보세요.

지원자 네. SW중공업은 기술을 통한 행복의 발전이라는 이념을 추구하는 자동차 부품 전문 연구, 생산 기업입니다. 국내 최초로 유럽의 UHE 인증을 받았으며, SiC 전기차용 친환경 인버터를 국내 최초로 특허 받았습니다. 현재는 2천2백 명의 종업원들이 안산, 창원, 전주 공장에서 400개 이상의 부품을 생산하고 있습니다.

특히, 우리 기업의 대표상품인 YT-370의 경우에는 기존의 용적률을 12%나 개선한 획기적인 제품으로 업계의 인정을 받고 있습니다. 이와 같이 SW중공업은 자동차 부품 업계에서 가장 기술 발전 가능성이 많은 기업입니다. 이상입니다.

무엇보다 요약이 중요합니다. 이제 답변 구성의 방법을 알려드리겠습니다. 알려드리는 방법을 잘 응용하여 군더더기 없는 깔끔한 답변을 구성해 보기 바랍니다.

A. 설립 목적이나 비전, 또는 이념, 가치 등을 섞어 기업을 한마디로 정의합니다.

B. 기업의 대표적 연혁 2가지를 말합니다. 이때 구체적인 연도는 외우기 어려우니 과감하게 생략해도 좋습니다.

C. 현재 기업의 외형적인 현황을 두세 가지 정도 요약합니다.

D. 대표 상품과 특징에 대해서 요약합니다.

E. 그 기업의 미래 성장 가능성을 긍정적으로 말하며 마무리합니다.

＊만일, 위와 같은 답변을 신나게 하고 있는데, 면접관이 갑자기 '자. 그만하면 됐습니다. 거기까지 듣겠습니다'라고 답변을 끊어버리는 경우가 있습니다. 이는 오히려 좋은 현상입니다. '열심히 준비한 거 알겠다. 면접 시간도 부족한데 그 정도면 충분하다. 그만해라'라는 뜻이 있는 겁니다. 그러니, 이때는 표정관리를 잘 해야 합니다. 눈치 없이 못마땅한 표정 지으면 안 된다는 겁니다.

＊조심해야 할 것도 있습니다. 위와 같은 멘트를 외운 티 팍팍 내며 국어책 읽듯 중얼거렸다가는 최악의 점수를 받게 된다는 사실을 경고 드립니다. 이를 위해 1분 자기소개를 말할 때 진정성 있게 표현하는 TIP를 다시 한번 읽어 보시기 바랍니다. 물론 외워서 표현할 수밖에 없지만 약간의 연출을 통해 진정성을 보여주는 것도 좋은 전략입니다. 그리고 무엇보다 중간에 막히지 않는 성의는 보여줘야 할 것입니다. 연습 많이 하셔야 합니다.

다. 기업에 지원한 동기를 묻는 질문

기업에 지원한 이유가 무엇인지, 즉 지원동기를 물어보는 질문 방식입니다.

▶ 이게 어렵습니다. 지원자 입장에서는 이미 자기소개서에 써서 제출한 정보라고 생각하기 때문에, 멍때리다가 뒷통수를 아주 정통으로 맞을 수 있는 부분입니다. 그래서 막상 이 질문을 받으면 자기소개서 지원동기 항목에 작성한 800자 글자가 순식간에 머릿속을 스쳐가며 동시에 머릿속이 하얗게 변해버리는 놀라운 체험을 하게 됩니다.

면접관 입장에서는 그냥 순수하게 물어본 것입니다. 자기소개서를 읽었든 읽지 않았든 지원자가 마음에 들기 때문에 우리 기업에 그만큼 관심을 가지고 있는지를 확인하는 겁니다. 따라서 면접관이 기업 지원동기를 물어보고 있다면 그건 분명히 좋은 상황임에 틀림없습니다. 그러니, 긍정적으로 생각하고 아래와 같이 답변을 준비하기 바랍니다. 마찬가지로 샘플을 먼저 보도록 하겠습니다.

면접관 이지윤 씨는 우리 기업에 지원한 특별한 이유가 있어요?

지원자 네. A화장품이 추구하는 고객 중심 마인드가 좋아서 지원했습니다. 이번에 출시된 쿠션파운데이션을 써보며 용기 자체를 직접 사용할 수 있다는 점이 신기했습니다. 검색해 보니까 주차 도장의 아이디어를 제품에 적용했다는 것을 알게 됐습니다.

이렇게 세상 모든 것을 화장품과 연결시켜 고객들의 만족을 위해 노력하는 기업의 모습이 좋았습니다. 그래서 A화장품에 지원했습니다. 이상입니다.

마찬가지로 요약과 압축이 중요합니다. 자기소개서에서 언급했던 내용을 얼마든지 재사용해도 문제없습니다. 그럼, 이제 답변 구성의 방법을 알려드리겠습니다. 알려드리는 방법을 잘 응용하여 명쾌한 답변을 구성해 보기 바랍니다.

A. 그 기업의 어떤 점들이 좋아서 지원했다고 직접적으로 언급합니다.

B. 그 기업의 노력사항(신제품, 기술혁신 등)을 한 가지 언급합니다.

C. 그 세부적인 특징을 설명하고, 이를 통한 기업의 노력을 요약합니다.

D. 이와 같은 점이 자신의 마음을 움직였다고 표현합니다.

E. 그래서 지원했다고 '수미상관구조'로 강조하며 마무리합니다.

＊자기소개서에 써 놓은 글자들에 집착하여 그 많은 내용을 압축하려 덤비면 아까운 시간만 엄청나게 낭비하게 됩니다. 깨끗한 백지에서 새로 작성하는 것이 훨씬 더 빠르다는 것을 알려드립니다.

＊지원동기 답변도 마찬가지입니다. 억지로 외운 티 팍팍 내며 더듬거리고 버벅대면 정말 최악의 점수를 받게 된다는 사실을 또다시 경고드립니다. 이 부분은 지원자가 진지하게 연기까지 할 수 있어야 하는 상황입니다. 그리고 완벽한 연기를 위해서는 무엇보다 좋은 대본이 필요할 것입니다. 위의 샘플이 도움이 될 것입니다. 그리고 역시 연습 많이 하셔야 합니다.

라. 다른 기업 지원 여부 묻는 질문

우리 기업 말고 어디에 더 지원했는지를 물어보는 질문 방식입니다.

▶ 다소 치사한 방법이지만, 면접장에서 만나게 될 빈도 수 높은 절대 만만치 않은 질문입니다. 일단 전략적으로 접근해야 할 것 같습니다. 두 가지 상황을 가정해 보겠습니다.

첫째, 만일 다른 곳에 단 하나도 지원하지 않고, 오직 이 기업만을 지원했다면 그걸 면접관은 믿을까요?

둘째, 진짜 솔직하게 요즘 취업이 너무 어려워서 34군데 지원했다면, 면접관은 그걸 듣고 좋아라 할까요?

이 두 가지 요건을 충족시키는 것이 바로 이 질문에 대한 답변의 포인트입니다. 절대로 쉽지 않습니다. 면접관의 관점으로 생각해 봅시다. 일단, 이 기업만 지원했다면 오히려 융통성 없는 지원자로 보일 가능성이 많습니다. 지가 뭔데 뭘 믿고 우리 기업에만 올인해서 면접관에게 부담을 주냐는 말이죠. 반면에, 여기저기 오만 데를 쑤시고 다니는 모습을 보이면 우리 기업도 그 중에 하나가 되어 버리는 모순이 발생하게 됩니다. 이 두 가지 요소를 반영하여 다음과 같은 답변을 제안드리고자 합니다.

면접관　지원자는 우리 기업 말고 다른 기업 지원한 곳이 어디 어디 있어요? 괜찮으니까 솔직하게 말씀해 보세요.

지원자　네. 솔직하게 말씀드리면, A제약과 B항공 이렇게 2개 기업에 지원한 경험이 있습니다. 2개 기업 모두 마케팅 직무에 지원했습니다. 결과도 함께 말씀드리면 모두 서류에서 탈락했습니다.

면접관　아. 그래요? 그럼, 왜 서류에서 탈락했다고 생각하세요?

지원자　네. 당시 그 2개 기업 모두 지원자가 많아 경쟁률이 굉장히 높았던 것으로 알고 있습니다. 이런 상황이다 보니 제가 가진 강점들이 상대적으로 가려진 것 같습니다.

면접관　그럼, 본인의 강점은 뭔가요?

세상 모든 것, 특히 인간이 하는 모든 것에는 반드시 방법이 존재합니다. 이것도 방법이라면 방법이니 일단 알려드리겠습니다.

> A. '솔직하게'라는 말을 붙이고 2개 기업에 지원했다고 말합니다.
>
> B. 모두 같은 직무에 지원했다고 말합니다.
>
> C. 면접관이 추가로 물어보기 전에 모두 서류에서 탈락했다고 말합니다.
>
> D. 그리고 만일 추가로 탈락사유를 물어본다면, 그 이유를 경쟁률과 엮어서 답변을 구성합니다.

*주의사항이 있습니다. 어떤 경우라도 이전 면접에서 탈락했다고 말하면 안 된다는 것입니다. 위의 샘플 답변은 결국 이를 피하고자 하는 방향에서 구성된 답변입니다. 면접관의 관점에서 다른 곳의 면접관이 지원자를 탈락시켰다는 이야기를 듣는다면 본능적으로 자신도 역시 반드시 그 이유를 찾으려 할 것이고, 이와 같은 과정 중에서 지원자에 대한 좋지 않은 선입견이 생겨버릴 가능성이 있기 때문입니다.

TIP

마찬가지입니다. 외운 척 하지 말고 진지하게 답변해 보기 바랍니다.

05

면접의 종반부

이제 우리의 대장정이 끝나갑니다. 남아있는 면접의 마무리 과정을 끝내고 나면 여러분들은 드디어 면접장 밖으로 나가게 됩니다. 면접에 대한 긴장이 끝나는 행복감이 잠시 마음을 스치고 지나가면, 이내 곧 면접 탈락에 대한 두려움이 온몸을 휘감게 됩니다.

후회 없는 면접이 되기 위해서는 끝까지 최선을 다해야 할 것입니다.

1) 마지막 할 말, 또는 마지막 질문

면접은 모든 면접관이 입을 모아 '하나 둘 셋! 끄~읏!'이라고 외치며 끝나지 않습니다. 물론, '자. 수고하셨습니다. 이제 나가셔도 좋습니다'라고 빗자루 쓸어내듯 지원자를 내보내는 면접관도 있겠지만, 보통은 그렇게 끝내지 않습니다. 별도의 방법이 존재하기 때문입니다.

면접관 지원자들. 수고하셨습니다. 여기에서 모든 면접을 마치도록 하겠습니다. 마지막으로 혹시 면접관에게 하고 싶은 말씀이 있거나, 질문 있는 분 계신가요?

면접장에 좀 들어가 봤다, 라고 하는 경험자가 있으면 알 수 있을 것입니다. 진짜로 면접이 이렇게 끝난다는 사실을 말입니다. 왜 이렇게 끝나는지 이유부터 알려드리겠습니다. 자기네들이 보는 면접 매뉴얼에 이렇게 끝내라고 나와 있기 때문입니다.

마치 지원자를 한없이 배려해 주는 따뜻하고 인류애 넘치는 모습으로 보일 수 있지만, 그 속내는 전혀 다릅니다. 그 실상은 질문을 충분하게 받지 못해서 불만이 있는 지원자가 있을 수 있으므로 그 책임을 전가시키겠다는 약간의 못된 의도가 있는 것입니다. 즉, '그렇게 불만 있으면 뭐라도 말하고 나가든가'라는 이유입니다.

이유야 어떻건 우리는 이 기회를 반드시 유리하게 이용해야 할 것입니다. 일단, 마지막 할 말과 질문이라는 두 가지로 나눠서 생각해보겠습니다.

(1) 마지막 할 말

▶ 사실 어떤 이야기를 해도 좋습니다. 마지막까지 최선을 다 하는 지원자의 모습을 연출할 수 있는 마지막 `기회가 되기 때문입니다. 하지만 조심해야 할 사항이 있습니다. 구걸하지 말라는 것입니다. '만일, 저를 뽑아주시면~', '만일, B기업과 함께할 수 있는 기회를 저에게 주신다면~' 이 따위 구걸 멘트는 면접관의 눈쌀을 찌푸리게 합니다. 지원자의 어떤 의지도 찾아볼 수 없기 때문입니다. 샘플을 보도록 하겠습니다.

면접관 혹시 마지막으로 하실 말씀 있는 분 계신가요?

지원자 네. 제가 말씀드리겠습니다.

면접관 김희제 씨 말씀하세요.

지원자 마지막으로 꼭 드리고 싶은 말씀이 있습니다. 제가 지키고 싶은 '한 걸음'의 원칙입니다. 여기서 말하는 한 걸음은 상대방을 향한 한 걸음을 의미합니다. 앞으로 제가 도전하는 영업 직무에 있어서도 절대로 피하지 않고 고객들에게 한 걸음 더 다가가는 모습을 꼭 보여드리겠습니다. 이상입니다!

어차피 마지막입니다. 너무 많은 정보를 주절거리지 않도록 분량 조절에 많은 신경을 써야 합니다. 그렇다면, 뭔가 강렬함을 전달하는 특별한 멘트가 필요합니다. 직무가 대세입니다. 이왕이면 직무적으로 연결이 되면 더 좋을 것 같습니다. 방법을 알려드립니다.

A. 일단, 손을 들고 내가 말하겠다고 말한다.

B. 지금부터 내가 하는 말이 중요하다, 라는 분위기 멘트를 던집니다.

C. 자신이 지키고 있는 원칙이나 신념 또는 기준 한 가지를 말합니다.

D. 그것의 의미를 설명합니다.

E. 그것이 자신의 직무에서 어떤 연결성을 갖는지 설명합니다.

F. 어떤 상황에서도 이것만큼은 꼭 지키겠다는 의지의 표현으로
마무리합니다.

이 또한 어설픈 애드립은 금물입니다. 마지막에 엉뚱한 말을 늘어놓는다면 기존에 벌었던 점수조차도 모조리 까먹게 됩니다. 미리 준비하고 독하게 연습해서 활용해야 합니다.

자신이 지원하는 직무와 연관성이 있는 숫자나 특별한 단어 한 가지를 찾아보기 바랍니다. 예를 들어, 자신의 한 걸음 거리를 의미하는 '38센티미터의 법칙' 이런 거 말입니다. 이를 통해 자신만의 특별한 멘트를 만들어 활용해 보기 바랍니다.

(2) 마지막 질문

▶ 원래는 연봉이나 근무시간 등 근무에 대한 궁금한 사항을 물어보는 것이 맞습니다. 하지만 대한민국의 이상한 면접문화에서는 이와 같은 질문은 당분간 금물입니다. '어디 합격도 안 한 것들이 근무조건을 물어봐? 응?'이라는 못된 생각을 가진 면접관들이 아직은 많은 것이 솔직

한 심정입니다. 하지만 그렇다고 가만히 있다가 나오면 안 됩니다. 적극적인 모습! 우리는 바로 그게 필요하기 때문입니다.

질문을 잘못하면 오히려 마지막에 공격당할 수도 있습니다. '아니, 그런 것은 조금만 검색해 보면 나오지 않나요? 지원자님은 그런 거 찾아보지도 않고 오신 건가요?' 또는, '그럼, 지원자님은 그것에 대해 어떻게 생각하세요?' 등으로 그동안 좋았던 면접 분위기가 썰렁하게 반전되는 경우도 있습니다. 자기들이 궁금한 거 물어봐도 된다고 해서 물어본 건데, 애꿎게도 지원자만 난처해지는 모습입니다. 이런 상황도 대비해서 문제가 없도록 질문을 준비해 봅시다.

면접관 혹시 마지막으로 특별하게 질문 있는 분 계신가요?

지원자 네. 제가 질문드려도 되겠습니까?

면접관 강희주 씨 말씀하세요.

지원자 최근에 출시한 'C상품'에 대한 소비자의 반응이 좋은 걸로 알고 있습니다. 기업에서는 자체적으로 어떤 평가를 내리고 있는지 오늘 면접장에서 꼭 여쭤보고 싶었습니다. 답변해 주시면 감사하겠습니다.

면접관 뭐. 다행스럽게 일단 통했다고 봐야죠. 이왕 말 나왔으니까 조금만 말씀드려 볼까요. 저희 회사에서도 처음에는~

괜한 꼬투리 잡히느니 살짝 피해가는 것도 삶의 지혜라고 생각합니다. 하지만 하나마나 한 가벼운 질문이면 안 될 것 같습니다. 기업의 신제품을 말했으니 기업에 대한 관심을 표현했다고 평가할 수 있습니다. 역시 간단한 방법을 알려드리겠습니다.

A. 일단, 손을 들고 내가 질문하겠다고 말한다.
B. 그 기업에 관련된 한 가지 최신사항(신제품의 반응, 신제품 설명회 효과, 플래그샵 현장 반응 등)을 정하고,
C. 그것의 배경이나 궁금증의 포인트를 정하여,
D. 면접장에 오면 꼭 물어보고 싶었다고 적극성을 표현한다.
E. 답변을 부탁드린다고 정중하게 요청한다.

직무를 강조한 패턴도 한 가지 더 알려드립니다.

면접관 혹시 마지막으로 질문 있는 분 계신가요?

지원자 네. 제가 질문 드려도 되겠습니까?

면접관 김경현 님 말씀하세요.

지원자 네. 제가 지원하는 W직무는 다른 직무와는 다르게, ○○을 해야 하는 특성이 있습니다. 그래서 제가 속한 W팀 또한 타 부서와는 다른 독특한 분위기가 있을 거라 생각됩니다. W팀의 분위기에 대해서 알려주시면 감사하겠습니다.

면접관 아. 네. 저희 부서가 좀 독특하기는 하죠. 실제 업무 할 때는~

한번 더 강조하겠습니다. 기껏 준비하고 어설피 버벅거리면 그냥 바로 새 옷에 커피 쏟는 겁니다. 무슨 말인지 아시겠죠?

TIP

기업과 직무에 관한 질문 2개 모두 준비해야 합니다. 어차피 면접 마지막 단계에서 말할 수 있는 기회가 생기므로, 그동안의 면접을 되짚어보기 바랍니다. 그동안 질문과 답변이 기업에 보다 초점이 맞춰져 있었다면 직무에 대한 질문을, 직무에 보다 비중이 많았다면 기업에 대한 질문을 하여 밸런스를 맞추기 바랍니다.

TIP

지원자의 질문에 면접관이 답변을 해줄 때는 초집중하여 경청하는 모습을 연출해야 합니다. 그렇다고 고개를 너무 많이 끄덕이면 오히려 이상한 모습으로 각인됨을 조심하여야 합니다.

06

면접의 끝

이제 사실상 모든 면접이 끝났습니다.

처음과 같이 일관된 큰 목소리로 인사하고 나오면 됩니다. 면접장의 상황에 따라 다르겠지만, 처음에 그랬던 것처럼 나가는 문 입구에서 다시 뒤돌아서 면접관을 향해 단정하게 목례를 하고 나가는 모습도 좋은 이미지를 남깁니다. 사람은 한결같아야 하는 겁니다.

하지만 그 상황에서는 거의 모든 면접관이 면접 평가표에 뭔가를 쓰느라 고개를 숙이고 열중하고 있을 테니, 여기 좀 봐달라고 절규할 필요도 없고, 자신을 쳐다보지 않는다고 실망할 필요도 없습니다.

그럼, 이렇게 면접이 끝났으니, 이제는 면접관들이 들여다보는 면접평가표가 어떻게 생겼나 구경해 봅시다.

오랜 시간 면접 보느라 수고 하셨습니다!!

1) 면접관의 평가사항: 면접평가표

면접관들이 체크하는 두 가지 면접평가표의 모습을 공개하겠습니다. 서로 다른 두 기업의 평가표입니다.

첫째는 인재상 중심의 인성 평가 사항이고,

공통역량(인재상) 평가사항	판단기준 / 질문을 통한 반응	면접 평가	종합 의견
도전의 마인드	목표의식, 필요성 인식, 실행의지, 변수의 대응, 재도전의 의지 기타	[결격, 4, 6, 8, 10]	
협력의 마인드	공동 목표의 이해, 조직의 특수성 이해, 타인에 대한 이해력 기타	[결격, 4, 6, 8, 10]	
창조의 마인드	변화 상황의 인식, 개선/보완/발전의 의지, 변화 실행 및 추진력 기타	[결격, 4, 6, 8, 10]	

* 이 평가표는 실제 모기업에서 사용하고 있는 평가표입니다.

둘째는 직무 중심의 역량 평가 사항입니다.

역량 평가 등급	평가 기준	Check Point(지원자 반응)
S(최우수)	관련 역량에 대한 자질 및 인식이 명확하며 직무 적용 성과창출의 가능성이 뚜렷하다	경험을 바탕으로 대안제시 & 금액, 숫자 등 계량적 표현
A(우수)	관련 역량에 대한 인식이 있으며 직무 적용 가능성이 있다	관련된 본인의 일방적(긍정적) 경험 제시, 주관적 의미 부재
B(보통)	관련 역량에 대한 사전적, 이론적 인식은 있지만 직무 적용 가능성이 없다	사전적, 이론적인 표현 강조
C(미흡)	관련 역량에 대한 인식과 수준이 미약하여 직무 적용 가능성이 없다	추상성, 무조건 할 수 있다는 접근
D(결격)	관련 역량에 대한 인식 자체가 결여되어 있다	답변회피, 질문의도 인식 결여

*이 평가표 역시 모 기업에서 실제 사용하는 평가표입니다.

평점 기준	세부 내용	A	B	C+	C-	D	E	비고
기업 집중성	1.지원동기 2.기업에 대한 이해 3.기업 인지성							
인성	1.적극성 2.협력성 3.조직적응성							
직무 적합성	1.직무(전공)이해도 2.경험적합도 3.역량보유성							
면접 태도	1.시선 2.표정 3.목소리 4.적극성							

최종 환산점수			최종 평가	○채용 ○채용 보류 ○채용 불가
면접관 확인	성명	(사인)		

▶ 위의 두 평가표는 실제적으로 기업에서 활용되는 평가표의 한 부분입니다. 이 부분 이외에도 많은 평가항목이 있지만, 공통역량(인재상)과 직무역량의 특징을 비교적 정확하게 언급하고 있는 평가사항을 알려드리기 위해서 위의 표를 선택하여 보여드립니다.

뭔가 엄청나게 중요한 메시지가 숨겨져 있는 것 같지만, 사실 이 부분은 우리의 영역이 아닙니다. 어디까지나 면접관들이 체크하고 평가하는 부분이기 때문입니다. 그냥 이렇게 생겼다고 한 번 보는 걸로 족합니다.

면접 평가표의 전체적인 모습을 보고 싶다면 이 자료를 참고하기 바랍니다. 면접 평가의 가장 핵심적인 요소가 잘 반영되어 있는 평가표 샘플입니다. 이 또한 실제 많은 기업에서 사용하고 있는 평가표 양식입니다.

물론, 훨씬 더 복잡하고 나름대로 정교하게 짜여져 있는 평가표들이 많지만, 평가표에 꼼꼼하게 면접 상황별로 점수를 부여하고, 그렇게 기재된 세부 점수를 합산하여 채용될 지원자를 선별하는 작업은 어려운 일임에 틀림없습니다.

그렇다 보니 숙련이 안 된 면접관이 즐겨 사용하는 방법이 있습니다. 면접관 교육 때마다, 기업에서 그렇게 하지 말아라, 라고 이야기하는 쉬운 방법이 그것입니다.

면접관은 결국 자기 마음에 드는 지원자를 하나 확정하고, 그냥 그 순서대로 평가표에 좋은 점수를 차례대로 써넣는 작업을 하는 경우를 말합니다. 그렇지 않은 경우도 많지만 체감상 이런 경우가 훨씬 더 많은 것이 우리나라 면접의 현실입니다.

그리고 저는 지금까지 면접관의 관점에서 좋은 점수를 받는 방법을 노골적으로 알려드렸습니다.

아무쪼록,
이 책으로 준비한 여러분들의 노력대로, 자신의 이름이 기재된 저 위의 평가표가 좋은 점수로 기록되기를 간절한 마음으로 기원합니다.

부디, 자신에게 이기는 면접을 보시기 바랍니다.

Part 3

지원자가 가장 궁금해하는
면접 질문 분석

저는 초빙 면접관으로 활동하는 실제 면접관입니다. 또한, 저는 면접을 잘 볼 수 있는 방법을 강의하는 취업 면접 전문 강사이기도 합니다.

그래서 언제나 다양한 장소에서 강의를 하고, 또 강의가 끝나면 참으로 많은 질문들을 받습니다. 지금부터는 '강사'의 입장에서 여러분들의 궁금한 질문을 해결해볼까 합니다.

천차만별 다양한 질문이 나오지만 질문을 받다 보면 의외로 공통된 질문들을 발견하게 됩니다. 모두가 궁금한 것이 가장 궁금한 내용이라고 생각했습니다.

지원자들이 가장 어렵게 생각하는 면접의 질문을 체계적으로 나누어 설명해 보았습니다. 아래의 질문들은 그동안 필자가 강의했던 많은 대학교 중 64개 대학교 학생들의 실제 질문을 취합하여 구성한 내용입니다. 같은 취업준비생의 입장에서 나온 질문들이므로 아마도, 많은 공감이 될 것입니다.

각 질문들에 대해서는 면접관의 의도를 해석하여 그 질문이 나오게 된 배경을 먼저 설명하고, 실제로 면접장에서 질문의 형식으로 구현되는 내용을 설명했습니다. 다음으로 컨설턴트로서 저의 해석을 첨부했으며, 다음으로 그 질문에 따라 어떻게 답변을 구성하는 것이 바람직한지 답변 구성 방법을 정리하였고, 마지막으로 가장 이상적이라고 생각하는 답변을 실제 경험자들의 인터뷰를 통하여 재구성했습니다. 또한 관련된 응용 질문을 추가해서 유사한 상황에 대응할 수 있는 실력을 높이도록 했습니다.

가장 빈도 수가 높은 질문들을 엄선하여 면접관과 채용담당자의 입장에서 답변을 재구성해 보았다는데 이 파트의 의미가 있습니다. 따라서 '글자'보다는 '맥락과 흐름'에 집중하여 그 결과물에 대한 자신의 생각을 정리해보기 바랍니다.

지원자의 입장에서 생각하는 것이 중요하다고 생각했습니다. 따라서 면접관의 관점과 컨설턴트의 해석으로 이루어진 다음의 사례들을 스스로 분석해 보시기 바랍니다.

Question 1 · · · · ·

저는 주위의 친구들에 비해서 3.2라는 상대적으로 낮은 학점이 콤플렉스입니다. 얼마 전 힘들게 서류가 통과되어 모 기업의 면접장에 들어가게 됐는데, 아니나 다를까 '학점이 낮은 이유가 무엇인가?'라는 질문에 그 좋았던 분위기 다 망치고, 결국 탈락했습니다. 다른 면접장에 가서도 똑같은 질문이 들어오면 어떻게 답변하는 것이 가장 좋을까요?

면접관 의도 A Type

어디 보자… (자기소개서를 뒤적거리며) 뭐야. 얘도 온갖 좋은 말은 죄다 써 놨구만. 성실하다, 적극적이다, 진취적이다, 어떻게 맨날 똑같냐…. 어! 이게 뭐야? 근데, 왜 학점은 적극적이지 않지? 적극적인 사람의 기본은 학점 아냐? 이 부분을 물어보자!

면접관 질문

이난영 씨는 학교생활은 열심히 한 건 알겠는데, 왜 학점은 열심히 하지 않았어요?

면접관 의도 B Type

(그동안의 면접 태도에 만족해하며) 나름 괜찮네. 준비도 많이 한

것 같고. 근데, 뭔지 모르지만 좀 어색한 것 같아. 자연스런 모습이라기보다는 뭔가 꾸며진 모습? 마치 연기하는 것 같기도 하고? 왠지? 안 뽑자니 아까운 것 같고, 뽑자니 뭔가 속고 있는 느낌이고, 아 판단하기 어렵네.

근데 지금 이 모습이 이진호의 진짜 모습일까? 이거 취업학원이다 뭐다 어디에서 배워온 거 아냐? 안 되겠다. 약점을 찾아서 한번 흔들어보고 반응을 보자. 전형적인 질문만 하니까 안 되겠어. 어디 보자… 아! 학점이 낮구만, 뭐…. 채용하는 데는 특별히 문제는 없지만 한 번 흔들어 봐야지.

면접관 질문

'이진호 씨. 뭐 좀 주관적일 수도 있지만, 제가 보기에는 학점이 너무 낮아요. 어떻게 생각하세요?

컨설턴트 해석

이와 같은 상황은 누구나 취업 스펙에서 완벽할 수 없다는 전제에서 시작됩니다. 또한 면접관이 공격(?)하는 그 스펙이 그 기업에서 진정으로 중요하게 생각하는 채용조건이라면, 지원자의 부족하고, 낮고, 없는 그 스펙으로는 절대 서류에서 통과되지 못한다는 사실 또한 두 번째 전제가 될 것 같습니다.

취준생들을 만나 면접에 대한 상담을 하다 보면, 면접장에서 부족한 스펙을 집중적으로 추궁받았고 그래서 떨어진 것 같다는 하소연을 하는 경우를 많이 보게 됩니다. 자신의 실패원인을 오직 스펙으로 돌리는 것 같아 안타까운 마음입니다.

하지만 정작 그 원망스러운 스펙 때문에 곤란을 겪고 있는 장소가 바로 면접장이라는 사실을 잘 기억해야 할 것입니다. 즉, 지원자가 좌절하고 고민하는 그 부족한 스펙은 그 기업의 채용 여부에 있어 전혀 문제될 것이 없다는 말입니다. 왜냐하면, 이미 자신의 스펙이 분명하게 기재된 입사서류가 통과된 이후이기 때문입니다.

지원자 답변 구성 방법

이와 같은 질문 유형은 입사지원서, 특히 자기소개서의 내용과 상충되는 지원자의 모습에 대한 모순성을 확인하거나, 일부러 약점을 찾아 흔들어 봄으로써 지원자의 진실성을 파악하는 의도로 활용되는 면접관의 가벼운 테크닉에 지나지 않습니다.

따라서, 일단 흔들림 없는 당당한 태도를 유지하는 것이 관건이며, 어설피 방어와 변명을 하기보다는 자신이 왜 그렇게 되었냐는 분명한 분석과 앞으로는 그렇지 않겠다는 보완점이 제기되어야 합니다.

일단, 면접관의 질문에 수긍하며 시작하는 것이 좋습니다. 처음부터 '그렇지 않습니다. 그래도 저희 학과에서는 높은 편에 속

합니다' 또는 '저는 제 학점에 만족합니다. 교수님이 정말 깐깐
하셔서~'와 같이 시작하면 반항의 이미지가 많아 보이기 때문
에 위험합니다. 드럽고 치사해도 일단 수긍하고, 그 합리적인
이유를 제시하여야 합니다.

또한 이와 같은 상황은 답변 전체가 자신의 약점에 대한 '분석'
으로 이루어져 있기에 단편적으로 '이런 이유가 있습니다'라고
하나의 이유만 강조하여 답변하는 것이 아닌, 두 가지의 이유를
제시하는 것이 좋습니다. 두 가지 분류 자체가 보다 분석적인
모습을 보이기 때문입니다.

지원자 답변 사례

네. 제 학점이 낮은 것은 인정합니다. 저도 제 학점에 아쉬움을
느낍니다. 전공 학점이 낮은 이유를 두 가지로 나누어 말씀드리
겠습니다. 첫째는, 전공에 집중해야 할 상황에서 당시 ○○○○
에 보다 많은 관심을 갖고 거기에 더 집중했기 때문입니다. 두
번째는, 이론보다는 실습을 더 중요시하는 전공 상황에서 제가
○○○○이라는 부분을 소홀히 했기 때문입니다.

제 스스로가 분명하게 반성하고 있는 만큼, 앞으로는 ○○○○
에 집중하고 ○○○○에 노력하는 모습을 보이며 열심히 일하
겠습니다.

응용 질문

면접관 지원자는 본인의 학점에 대해서 어떻게 생각하세요?

면접관 김형진 씨. 본인의 학점을 한번 스스로 분석해서 말씀해 보세요. 좋은 거하고 나쁜 게 뭐예요?

면접관 본인의 학점은 자기소개서의 내용과 일관된 모습을 보인다고 생각하세요?

면접관 지원자 스스로 생각했을 때, 입사지원서에서 남들보다 부족한 부분은 뭐라고 생각하세요?

면접관 자격증이 있으면 훨씬 더 좋았을 것 같은데, 왜 따지 않았는가? (155P)

▶ 자격증이나 인턴, 공모전 등과 같은 기타 스펙도 같은 맥락에서 접근하면 됩니다.

Question 2 ·····

망설임 반, 기대 반으로 생전 처음 면접장에 들어갔습니다. 면접관님들의 인상도 좋으셨고 앞으로 어떻게 면접이 진행될 것인지 친절하게 알려주시는 태도에서 안심이 됐습니다. 그런데, 갑자기 면접이 시작되자마자, 제 이름이 자신이 아는 사람하고 똑같다고 막 압박을 해오더군요. 이름이 그렇게 중요한가요?

면접관 의도

자. 그럼 어디 면접을 시작해 볼까? 그런데 다들 왜 이리 긴장하고 있어? 이래서 어디 면접 보겠나? 특히, 저 가운데 있는 지원자가 가장 긴장을 많이 하는구만, 아예 덜덜 떠네, 떨어. 안 되겠다. 가벼운 질문으로 긴장을 좀 풀어주고 시작해야지. 원. 어디 보자. 아! 이거 인연인데, 옛날 회사 후배하고 이름이 똑같네. 정찬민! 진짜네.

면접관 질문

박경택 씨. 내가 아는 사람 이름하고 똑같네요. 옛날 같이 회사 생활 했던 제 후배하고 이름이 똑같아요. 그동안 살면서 자기 이름하고 똑같은 사람을 만나본 적이 있나요? (132P)

컨설턴트 해석

긴장을 많이 하는 지원자를 위한 면접관의 배려입니다. 전혀 특별한 다른 의미가 있을 리 없습니다. 따라서, 이건 압박이 아닙니다.

지원자 답변 구성 방법

그냥 적절하게 맞장구만 치면 됩니다. 이건 면접 평가에 아무런 영향도 미치지 않습니다.

지원자 답변 사례

네. 이름이 같은 사람은 그동안 많이 만나보지는 못했는데, 후배님과 이름이 같다니 정말 큰 인연인 것 같습니다. 오늘 면접도 열심히 하겠습니다.

Question 3 ······

분위기 좋게 면접이 진행됐습니다. 제가 가진 경험들에 대해서 충분하게 말씀드렸고, 면접관님들의 반응도 좋았습니다. 심지어 면접관 중에 한 분은 바로 근무가 가능한지도 여쭤보셨습니다. 그런데, 가운데 계셨던 면접관님께서 갑자기 생각난 것처럼 집에서 얼마나 걸리는지 여쭤보셨고, 저는 지원한 입사지원서에는 주소가 서울로 되어 있지만, 그 이후에는 방을 빼서 오산으로 내려와 있는 상태였기 때문에, 사정을 이야기하고 솔직하게 2시간 정도 걸린다고 말씀드렸습니다. 그런데 면접관님들 표정이 갑자기 안 좋아지면서 혹시 서울에 거주할 계획이 있냐고 물어보시더군요. 저는 이사 계획은 없고 그냥 오산에서 출퇴근할 수 있다고 말씀드렸는데, 그 답변을 들으시더니 갑자기 서둘러 면접을 끝내더라구요. 결과는 탈락이었습니다. 제가 무슨 잘못을 했나요?

면접관 의도

지원자 괜찮네, 바로 근무할 수 있겠어. 잠깐 집이 서울인데 고등학교는 오산에서 졸업했네. 서울로 이사 온 건가? 혹시 출퇴근이 문제될 수 있으니까. 이건 한 번 확인해 보는 게 좋겠군!

면접관 질문

이혜영 씨는 집에서 우리 회사까지 얼마나 걸리나요? (133P)

컨설턴트 해석

지원자의 출퇴근 시간은 채용 시의 우선 고려대상 요소입니다. 아무리 부지런하고 성실한 지원자도 출퇴근 그 자체에 지치게 되면, 절대로 그 성실한 모습을 지켜낼 수 없음을 면접관들은 경험상 잘 알고 있습니다.

지원자 답변 구성 방법

출근 시간 기준으로 1시간이 넘어가는 거리의 지원자는 자신의 출퇴근 루트를 미리 조사하여 최단기 시간과 경로를 기준으로 어필해야 할 것입니다.

또한 지방 거주자가 서울에서 근무하는 경우, 어디에서 어떤 원룸을 전세 계약하겠다, 또는 상도동에 계신 둘째 삼촌댁에서 신세 지기로 부모님들이 이미 말씀 나누셨다. 등으로 구체성을 보여야 면접관은 안심합니다.

지원자 답변 사례

네. 거리상으로는 멀게 보이지만 빠르게 오는 방법이 있습니다. 오산역에서 지하철로 수원까지 이동해서 바로, 7시20분 무궁화 열차를 타면 오산에서 회사까지 한 시간 이내로 올 수 있습니다. 오늘 제가 면접장에 오면서 직접 시간까지 체크해 봤습니다. 출퇴근은 문제 없습니다.

응용질문

면접관 합격하면 어떻게 지방생활을 할 지 계획을 알려주세요.

면접관 단 한번도 집을 벗어나 본 적이 없는데, 독립해서 회사생활 할 자신이 있습니까?

면접관 보통 합격한 이후 몇 달 다니다가 다니기 힘들다고 갑자기 그만 두는 사람들이 생각보다 많습니다. 내가 혜영씨는 그렇지 않을 거라고 어떻게 믿을 수 있어요? 저를 설득해 보세요.

Question 4 ·····

전공과 무관한 직무에 도전하여 서류통과 후, 면접장에서 실제 받은 질문입니다. 전공과 관련이 없는데 지원한 이유가 무엇인가? 라는 질문에 어떻게 답변하는 것이 가장 좋을 까요?

면접관 의도

뭐, 어차피 이 일(직무) 하는데 그렇게 전공도 필요 없고 상관은 없는데…. 애는 왜 하필이면 이 전공을 선택한 거야? 보니까 학점도 괜찮네. 그러면 전공에 관심도 있었다는 거잖아. 근데 왜 굳이 전공하고 상관도 없는 이 일(직무)을 하고 싶다고 하지? 어떤 이유가 있나? 확인해 봐야지.

면접관 질문

'박주희 씨. 전공이 ○○○ 맞죠? 지원한 일(직무)하고는 별 상관이 없어 보이는데, 전공에는 관심이 없었나요? 왜 이 일이 하고 싶은 겁니까?' (134P)

컨설턴트 해석

지원자에 따라서는 난처한 질문으로 생각하기 때문에, 이것을 압박면접의 한 형태로 생각하는 지원자들이 있습니다만, 사실

이 정도는 압박의 축에 끼지도 못하는 것입니다.

이와 같은 면접 상황 자체가 전공무관이라는 배경으로 시작된 것이기 때문에, 면접관들도 이 질문 자체에 어떤 대단한 의미를 부여하지는 않습니다. 단지 지원자의 전공에 대한 의지를 확인하고 싶을 뿐입니다.

이 상황에서 만일, 지원자가 전공과 관련된 고 난이도의 시험에 도전했다가 떨어졌다느니, 사실은 대학원 진학도 심각하게 고려한 적이 있었다느니 주절대기 시작하면, 면접관들은 '어쩐지 학점도 좋더라니, 내 그럴 줄 알았다. 별 의미 없이 지원한 것이구만'이라며 지원자에 대한 관심이 급격하게 사라져 버리거나, '그러면, 어디 직무에 대해 얼마나 준비했는지 보자'라는 마음으로 직무에 대한 보다 더 어려운 질문으로 상황을 끌어 나가게 될 가능성이 많습니다.

따라서, 복잡하게 생각할 필요가 없습니다. 그냥 직무 선택의 이유를 전공과 연결하여 물어본 것뿐입니다. 따라서 질문의 핵심은 바로 '직무 선택의 이유'에 있습니다.

지원자 답변 구성 방법

이런 질문에 대해 답변을 구성할 때는 일단, 면접관의 질문에 수긍하며 시작하는 것이 좋습니다. 처음부터 '그렇지 않습니다. 관련성이 많습니다' 라고 시작하면 반항의 이미지가 많아 보이기 때문에 위험합니다. 드럽고 치사해도 일단 수긍하고, 자신의 전공에서도 그 일(직무)와 연결될 수 있는 요소를 최대한 뽑아서 그 합리적인 이유 또는, 그 일(직무)를 선택하게 된 계기를 분명하게 제시해야 할 것입니다.

지원자 답변 사례

네. 제 전공인 ○○○이 제가 지원한 일(직무)와 상관이 없게 보이는 것이 사실입니다. 하지만, 제 전공이 ○○○이기 때문에 유리한 것도 있습니다. 예를 들어, ○○○○과목에서 배우는 ○○○○의 경우에는 실제 ○○○과 같은 업무 상황에서 도움이 될 수 있을 것입니다. 비록, 직접적인 관련성을 없더라도 최대한 전공에서 배운 것들을 응용하며 일하도록 하겠습니다.

응용 질문

면접관 본인의 전공을 선택한 특별한 계기/이유가 있습니까?

면접관 본인의 전공으로 보다 발전해 보고 싶은 의지는 없었나요?

면접관 처음부터 이 분야(지원자가 지원하는 분야)와 관련된 전공으로 진로를 정하지 않은 이유는 뭡니까?

Question 5 ·····

나름대로 원활하게 면접이 진행되고 있다는 느낌이 들었습니다. 제가 지원한 경영지원 직무에 대해서도 여러가지 심도 있는 이야기가 오고 갔고, 최선을 다해 답변했습니다. 그런데 가장 나이가 많으신 면접관 님께서 저를 빤히 보시면서, '자네는 영업직 더 적합할 것 같은데, 혹시 그 쪽 파트로 지원해볼 생각이 없나?'라고 말씀 하시더군요. 그래서 저는 예의상 좋게 봐주셔서 감사합니다 라고 답변을 이어 나갔는데, 또 한번 말씀 하시더라구요. '진짜 생각이 있다면, 지금 바로 지원 직무를 수정해서 반영하겠다. 어떤가? 생각이 있는가?'라고 말씀하셨습니다. 이거 고급 압박인가요? 잘 나가다 이때부터 면접을 망친 것 같습니다.

면접관 의도

얘기를 들어보면 들어볼수록 애는 영업이네. 더 볼 것도 없네, 특별하게 경영지원 쪽에서 일 해야 하는 이유도 딱히 뭐 없는 것 같은데, 영업쪽 빈자리가 있으니까 그 쪽으로 좀 권유를 해볼까? 어디 의중을 한 번 떠봐야겠다.

면접관 질문

노치원 씨는 내가 보기에는 영업직이 더 적합할 것 같은데, 혹

시 그 쪽 파트로 지원해볼 생각이 없나요?'

컨설턴트 해석

면접장에서 자신이 지원한 직무와는 다른 직무를 권유 받는 모습은 생각보다 흔히 볼 수 있는 장면입니다. 하지만, 이와 같은 상황을 정확히 이해하기 위해서는 그 부분만을 보는 것이 아닌 전 후 맥락을 보는 것이 중요합니다. 대략 두 가지 경우가 있을 수 있습니다.

첫째, 지원자가 자신의 직무에 대한 확신을 심어주지 못하고, 엉뚱한 소리를 하거나 자꾸만 말이 엇나가는 경우가 있습니다. 이때는 면접관 관점에서 지원자의 직무에 대한 명확성이 결여되어 있다고 판단되어 주로 '떠 보는' 질문을 하는 경우가 많습니다. 이때, 다른 직무도 어떻겠느냐? 라고 유도해서 '그것도 좋다'라는 반응이 나오면, 그 불확실성을 확정하게 됩니다. 즉, 탈락인 경우가 많습니다.

둘째, 이와는 반대되는 경우로 지원자 답변을 들으면 들을수록 타 직무에 대한 적합성을 보이는 경우가 있습니다. 이런 상황에서 지원자가 놓치기 아까운 인재라고 판단되는 경우, '조언' 차원에서 타 직무의 가능성을 오픈하는 경우가 있습니다. 이때는 수용성 있는 태도를 보이는 것이 맞습니다. 이와 같은 상황을 인지하지 못하고 자신을 떠본다고 판단하여 '죽어도' 직무를 바꿀 수 없다고 버티게 되면 모처럼의 기회를 발로 차는 경우도 생기게 됩니다.

지금 제가 글로 설명을 드렸지만, 이는 사실 면접에 임하는 지원자만 알 수 있는 영역입니다. 이제 면접관의 속마음을 알려드렸으니 스스로의 판단을 믿어보기 바랍니다.

지원자 답변 구성 방법

다른 기회를 오픈하는 상황이라는 판단이 드는 경우, 답변도 역시 단정적이 아닌 오픈 식으로 구성하는 것이 좋습니다. 이때 쓸 수 있는 방법은 직무보다는 기업의 입사의지를 강조하여 블랜딩 시키는 방법이 있습니다.

지원자 답변 사례

네. 면접관님께서 제가 가진 또 다른 가능성을 봐주셔서 감사합니다. 저는 경영지원 직무에 확신을 가지고 지원했지만, 사실 K기업에 입사하고 싶은 의지가 더 강한 것이 사실입니다. 만일, 면접관님께서 제가 영업직에 더 맞다고 판단하신다면 그 의견을 받아드릴 수 있음을 알려드립니다.

응용질문

면접관 금융자격증이 많은데, 왜 은행이나 보험사에 지원하지 않았는가?

면접관 딱! 보니까 현장 체질이네요. 왜 현장직으로 지원하지 않았어요?

면접관 지원자는 본인이 지원하는 직무가 정말 자신에게 맞다고 스스로 믿고 있습니까? 면접관은 아닌 것 같은데요?

Question 6 ......

당시 면접장에서의 느낌은 '이거 될 것 같다' 라는 느낌이었습니다. 면접관님들도 굉장히 친절하셨구요. 근데, 제가 경쟁사에서 작년에 인턴을 한 것이 있었는데, 갑자기 '왜 우리 기업 인턴도 많은데 그 기업의 인턴을 했냐'며 압박이 들어 오더라구요. 인턴은 그 기업에서 했지만, 나는 우리 기업에 들어올 거다. 라고 간신히 말했는데, 그 이후에 '원래 그 기업에 가고 싶었던 거 아니냐?' 막 이러면서 계속 말꼬리를 잡으시던데요.

면접관 의도

이 지원자는 우리 기업에 대한 지원동기가 명확하지 않네. 자기소개서의 지원동기 부분을 읽어봐도 무슨 소린지 모르겠고, 답변을 들어봐도 명확함이 보이지 않는군. 한 번 흔들어봐야겠다.

면접관 질문

그러니까요. 사실 그 기업이 더 좋은 건 사실이지 않습니까? 인턴을 했다고 뭐라 하는 게 아니라, 우리 기업이 아닌 D기업에 대한 관심이 더 많아 보여서 그래요. 어떻게 생각하십니까?

컨설턴트 해석

난처한 질문입니다. 당위성을 만들어 설명하지 않으면 끊임없는 공격의 빌미를 주게 됩니다. 중요한 것은, 경쟁사에서 인턴을 했다는 사실은 전혀 채용 여부에 영향을 미치지 않는다는 것입니다. 면접장에서 나오는 질문이기 때문입니다. 만일, 경쟁사 인턴 경험 여부가 채용에 문제가 된다면 분명히 서류에서 탈락했을 것입니다.

지원자 답변 구성 방법

당시 자신이 선택할 수 있는 기회가 그것밖에 없었다는 당위성이 있어야 할 것 같습니다. 다음으로, 그곳에서 배운 것들을 지금 이 기업에 활용하겠다는 의지를 말해야 합니다.

지원자 답변 사례

네. 당시, 제가 선택할 수 있는 인턴의 기회는 D기업의 인턴 밖에 없었습니다. 그때까지 제가 집중했던 ○○○의 일을 마무리하고, 직무를 경험해보고자 인턴의 기회를 찾았는데, 공교롭게도 그때 D기업의 인턴 공고를 보게 됐습니다. 그래서 지원했고, 말씀드린 것처럼 현장에서 열심히 일했습니다. 그리고, 기간이 끝나고 학교에 돌아와 우리 기업을 위한 취업 준비에 힘써 왔습니다.

응용질문

면접관 본인이 기업했던 L기업의 장점과 단섬을 설명해 보세요.

면접관 거기에서도 일 잘했다면, 오히려 그곳에서 더 많은 기회를 찾아야 하는 거 아닙니까?

이미 그곳에서 인정받았다면서요?

면접관 에이~ K기업이 솔직히, 우리 기업보다 더 좋은 기업이라는 건 사실이잖아요? 안 그래요?

Question 7 · · · · ·

이번에 갑자기 보험사에 서류통과가 되었고, 어찌 어찌 인적성까지 통과되어 면접장에 가게 되었습니다. 가뜩이나 긴장하고 1분 자기소개 끝나고 한 개 정도 질문을 더 받았는데, 갑자기 면접관이 이력서에 써 있는 제 취미를 보고 웃으시며 한 번 해보라고 하셨습니다. 취미를 좀 튀는 걸로 쓰라고 선배들에게 들어서 성대모사라고 쓴 걸 보고 그런 것 같은데, 솔직히 잘하지는 못했습니다. 사실 분위기도 좀 안 좋아진 것 같구요. 도대체 왜 이런 걸 시켜서 사람 난처하게 만듭니까?진짜 면접 준비 많이 했는데 많이 억울합니다.

면접관 의도

박형철 이 사람은 왜 이리 안정되지 못하게 보이지? 면접이 처음인가? 그렇다고 쳐도 굉장히 소극적인 모습만 보이는 게 좀 이상한데, 입사지원서 보니까 학생회 간부도 하고, 핸드폰도 팔아봤고, 뭐 굉장히 적극적인 활동들이 많구만, 자기소개서 내용도 그렇고, 뭐야? 어느 게 맞는 거야? 긴장하는 거야? 거짓말한 거야? 도저히 모르겠다. 뭐 시켜볼 거 없나? 아. 취미가 성대모사야? 그래 이거 한 번 시켜보자.

면접관 질문

박형철 씨는 특기가 성대모사라고 써 있네요. 본인 잘하는 거 한번 시켜봐도 되요? 그럼 한 번 해보세요. 일어서서 해보세요. (136P)

컨설턴트 해석

입사지원서의 내용과 지원자의 모습이 일치되지 않는 경우, 면접관은 그 일치성을 확인해야 합니다. 이와 같은 모습이 너무 극심하게 차이가 나는 경우에는 드물게 취미를 시켜 보는 경우도 있고, 면접관 책상 위에 놓인 물건을 면접관에게 팔아보라고 지시하는 경우도 있습니다. 이때는 단 일 초도 망설이는 모습을 보여서는 절대 안 됩니다. 자신이 시험받고 있다는 인식을 갖고 정말 땀 나게 행동하고, 열심히 팔아야 합니다.

지원자 답변 구성 방법

이건 뭐 행동으로 보여주는 것이므로 말하는 방법은 딱히 필요 없을 것 같습니다. 다만, 옆에 있는 다른 지원자를 의식하지 말라고 말씀드리고 싶습니다. 어차피 이 중에 한 명만 합격하는 냉혹한 상황이기 때문입니다. 나중에 만날 일 절대! 없습니다.

지원자 답변 사례

네! 그럼 지금부터 제 취미이자 특기인 성대모사를 시작하도록 하겠습니다. 조금 어설프더라도 좋게 봐주시면 감사하겠습니다. 먼저, 전직 대통령들의 목소리입니다. 시작하겠습니다. ~

응용질문

면접관 지원자는 자신이 튼튼하다고 생각해요? 약해 보이는데. 맞나요?

면접관 지원자는 취미가 본인하고 안 맞는거 아니예요? 이렇게 산 타는 험한 취미 가질 분이 아닌 것 같은데?

면접관 지원자는 여기 써 있는 취미하고 너무 이미지가 다른 것 같아요. 어떻게 생각하세요?

Question 8 ......

제가 그래도 그동안 면접을 두세 번 정도 본 경험이 있기 때문에 그래도 나름 면접에 대한 감을 잡고 있다고 생각합니다. 그런데, 저번 주에 갔던 면접장에서 완전 밟혔습니다. 갑자기 상사가 잘못된 지시를 내리면 어쩌겠느냐 물어보더니, 일단 시키는 대로 하겠다는 제 답변에 꼬리에 꼬리를 물고 쥐어 짜더라구요. 이것만 가지고 거의 20분 넘게 질문받은 것 같습니다. 나중에는 그냥 저도 모르게 죄송합니다. 라는 말이 나올 수밖에 없더라구요. 면접 끝나고 나와 양복을 벗으니까 등이 완전 젖어 있더라구요. 와 정말. 압박 무섭다 무섭다 하는데 이 정도일 줄은 몰랐습니다. 다른 면접도 다 이런 건가요?

면접관 의도

지금까지 지원자의 답변 내용을 돌이켜보니 뭔가 뚜렷한 가치관이 보이지 않는 것 같네. 입사지원서에 나와 있는 경험들도 그냥 이때는 이런 경험, 이때는 이런 경험. 어떤 방향성이나 통일성도 보이지 않고.. 어디 어떤 생각 가지고 있는지 확인해 보자. 어디 질문 매뉴얼을 보자. 여기 있네, 윤리성을 확인하는 질문. 우리 기업에서 강조되는 인재상이지. 그럼 질문을 해 볼까요?

면접관 질문

조형호 씨. 질문 드릴게요. 만일, 상사가 잘못된 지시를 내리는 상황이라면 지원자는 어떻게 대처하실 거예요? (185P)

컨설턴트 해석

지원자가 명확한 판단 기준이나, 답변의 방향성이 보이지 않는 경우 극단적으로 이와 같은 매뉴얼식의 질문을 하는 경우가 많습니다. 둘 중 하나의 답변을 하는 순간, 이미 지옥으로 걸어 들어가 문까지 닫은 상태가 됩니다.

지원자 답변 구성 방법

일단, 둘 중에 하나를 선택해야 하는 상황임에는 틀림없지만, 그 주어진 상황을 무조건 두 개로 쪼갤 수 있으면 쪼개라고 말씀드리고 싶습니다. 둘 중 하나로 질문이 쏠리는 것을 최대한 방어해 보자는 취지입니다.

그리고, 무엇보다 이와 같은 어려운 상황을 만들지 않도록 스스로 명확한 모습을 보이는 노력을 해야 할 것입니다.

지원자 답변 사례

네. 상사의 잘못을 두 가지로 나누어 생각해야 할 것 같습니다. 만일 상사의 잘못이 불법적인 일이라면 저는 그 지시에 따르지 않겠습니다. 기업의 신용에 영향을 미치는 행동이기 때문입니다. 하지만, 불법적인 일이 아니라면 제가 모르는 다른 뜻이 있다고 판단하고 상사의 지시를 일단은 따르겠습니다. 그 일을 지시한 이유는 나중에 따로 물어봐도 늦지 않을 것입니다.

응용질문

면접관 본인이 주최하는 미팅에 아슬아슬하게 도착할 수 있는 시간입니다. 아무도 건너지 않는 신호등을 무시할 것인가요? 그냥 갈 것인가요? 아무도 없고, 심지어는 CCTV도 없다고 가정하겠습니다. 어떻게 할 것입니까?

면접관 거래처에서 리베이트 금액을 주는 상황입니다. 선배들에게 조언을 구했더니 업계의 관행이라며 괜한 짓 하지 말고 챙기라는 말을 들었습니다. 심지어는 기업의 감사팀도 이전부터 알고 있는 내용이라고 합니다. 어떻게 행동할 것입니까?

면접관 오민재 씨. 지금 즉시 마감해야 하는 급한 일에 정신 없이 쫓기고 있는데, 갑자기 상사가 자신의 일을 도와달라고 지시하는 경우가 있을 수 있습니다. 이런 경우에는 어떻게 하실 건가요? 자신의 상황을 말씀드렸는데도 불구하고 그 일 말고 자신의 일을 도와달라 하면요? (194P)

Question 9 · · · · ·

이렇게 비참함을 느꼈던 적은 처음입니다. 진짜 말로만 듣던 병풍이자 배경으로만 있다가 나왔습니다. 인턴 경험이 있었던 옆에 있었던 지원자에게만 거의 모든 질문이 집중됐던 것 같습니다. 제가 스펙에 있어서는 좀 자신이 있는데, 저에게 한 질문이라고는 처음에 1분 자기소개와 왜 우리 기업에 지원했는지 정말 이 두 개가 전부였습니다. 이럴 꺼면 도대체 왜 사람을 불렀나요? 그리고, 앞으로의 면접도 이럴까봐 더 불안합니다.

면접관 의도

뭐야. 자기소개 하나도 똑바로 못하는구만. 왜 도대체 면접장에 오면서 준비를 안 할까? 이해를 못하겠네. (이력서를 유심히 보며) 어쭈! 스펙은 좋네, 이거 뭐 혹시 다른 기업에 더 관심이 있는 거 아냐? (자기소개서를 보며) 내 이럴 줄 알았지. 거봐 지원동기도 명확치 않구만, 그럼.. 우리 기업에 지원한 이유가 뭔지 한번 더 확인해보자. 만일 이것도 제대로 얘기 못하면 너는 딴 기업 가려고 면접 연습 온 사람인 거다. 어디 한번 볼까?

면접관 질문

'김경한 씨, 경한씨는 우리 기업에 지원한 이유가 뭡니까? 제가 자기소개서를 읽어봤는데요 분명한 이유가 안 보이거든요. 우리 기업에 지원한 이유를 좀 명쾌하게 설명해 주시겠습니까?

컨설턴트 해석

공들여 준비한 면접임에도 불구하고 정작 면접장에서 위와 같은 상황에 처한다면 정말 속상할 것 같습니다. 이 시점에서 너무나 뻔하고 당연한 것임에도 불구하고 왜 면접관들은 굳이 1분 자기소개로 면접을 시작할까? 라는 의문을 다시 한번 생각해 봐야 할 것 같습니다.

그리고 모든 면접은 반드시 추가적인 기회가 있다는 것과 지원동기는 면접장에서도 끈질기게 지원자를 물고늘어진다, 라는 사실 또한 이 사례를 통해 배울 수 있을 것입니다.

최근 면접장에서 유달리 강조되고 있는 것이 바로 '우리 기업에 왜 지원했는가?'를 확인하는 지원동기입니다. 지원자의 입장에서는 자기소개서에 써서 이미 제출한 정보이기에 방심하고 있다가 뒤통수를 맞는 경우가 많았던 것이 사실입니다. 이는 기업의 신규 채용이 줄어든 상황에서 일단 많이 지원하고 보는 지원자의 속성을 기업이 너무나 잘 알고 있는 까닭입니다. 앞으로의 채용시장도 한파가 예상된다면, 스스로 납득될 수 있도록 기업의 지원동기를 보다 더 설득적으로 구축해야 할 것입니다.

지원자 답변 구성 방법

지원동기 구성 방법은 위에서 기술한 내용을 참조하시기 바랍니다. 중복되는 내용이라 생략합니다.

지원자 답변 사례

지원동기 답변 사례도 위에서 기술한 내용을 참조하시기 바랍니다. 역시 중복되는 내용이라 생략합니다.

응용 질문

면접관 우리 기업에 지원한 이유를 한 문장으로 요약해서 말해보세요.

면접관 자기소개서에 쓴 거 말고 우리 기업에 지원한 다른 이유가 있습니까? (자기소개서 내용이 추상적인 경우)

면접관 '나는 이래서 우리 기업이 아니면 안 된다'라는 분명한 이유를 말씀해 주시기 바랍니다.

면접관 본인의 지원 이유가 있을 거 아닙니까? 면접관을 설득시켜 보세요.

Question 10 ······

기타 1.

면접장에서 답변하고 마칠 때, 항상 '이상입니다' 또는 '감사합니다'를 붙여야 하나요?

컨설턴트 해석

이건 어떤 공식이 아닙니다. 오히려 지원자의 느낌에 더 가깝습니다. 만일, 지원자가 체감상 자신의 답변이 조금 길게 느껴진다면, '이상입니다', 또는 '감사합니다'를 붙여 자신의 답변이 완전하게 끝났음을 알려주는 것이 좋습니다.

하지만, 체감상 짧게 느껴진다면, 그냥 '~ 입니다' 로 답변을 마쳐도 전혀 문제될 것이 없습니다.

> **TIP**
>
> **면접장에서 활용하는 답변로직**
>
> 1단계: 네
> 2단계: 결론부터 말하고,
> 3단계: 이유를 설명한 후,
> 4단계: 그래서 ○○○입니다.
>
> **기억하시죠?**

Question 11 ·····

기타 2.

증권사 면접에서 있었던 일입니다. 면접관이 제 옆의 지원자에게 PBR(주가순자산비율)에 관한 질문을 했고, 그 남자 지원자는 전혀 엉뚱한 소리만 하더라구요. 저는 진짜 잘 아는 내용이었는데, 이때, '제가 대신 답변 드려도 되겠습니까?'라고 말해도 될까요?

컨설턴트 해석

모든 면접관의 질문에는 각자 저마다의 의미가 있습니다. 옆의 지원자에게 PBR을 물어봤다면 바로 그 지원자에게 확인이 필요한 PBR와 관련된 특별한 부분이 있었음을 의미합니다.

따라서 자신의 질문도 아닌데 자신이 답변해 보겠다고 하는 것은, 면접관에 따라서는 '자기 질문도 잘 해결하지 못하면서, 옆 사람 질문까지 간섭하는' 오지랖 넓은 사람으로 잘못 비춰질 가능성도 있습니다.

이때는, '제가 꼭 답변하고 싶습니다'라는 마음을 눈빛에 담아, 그 질문을 한 면접관을 빤히 바라보시기 바랍니다.

'옆에 있는 나진우 씨는 혹시 말씀하시고 싶은 부분이 있습니까? 왜 그렇게 저를 보세요?' 라고 말하며 답변의 기회를 주는 경우가 실제로 존재합니다.

Question 12 · · · · · ·

기타 3.

사투리가 심한 편입니다. 면접을 앞두고 고쳐 보려 해도 오히려 더 이상해지는 것 같습니다. 평상시에는 전혀 느끼지 못했던 부분인데, 친구가 하라는 대로 녹음해서 들어보니 정말 심한 것 같다는 생각이 들었습니다. 이거 어찌해야 할까요?

컨설턴트 해석

간혹 사투리를 써도 되냐고 문의하는 지원자가 있는데, 저는 그냥 쓰라고 이야기 해 줍니다. 단시간에 고쳐질 수 없을 뿐만 아니라 어색하게 표준어를 구사하는 것이 잘못하면 면접관에게 웃기게 보이기 때문입니다. 가벼움 보다는 진지함이 면접장에서는 더 어필될 수 있는 요소임을 잘 기억하시기 바랍니다.

Question 13 · · · · ·

기타 4.

면접장에서 진짜 바보가 되는 경험을 한 적이 있습니다. 그 어떤 생각 도 안 나고, 진짜 아무런 말도 할 수 없었습니다. 이거 병인가요?

컨설턴트 해석

정확하게 진단할 수 있습니다. 그냥 연습 부족입니다. 그 이상 도 그 이하도 아닙니다. 평소와는 다른 모습을 보여줘야 하는 것이 면접장의 부담이라면, 그 부담을 평소에 익숙하게 만드는 훈련을 하여야 합니다. 학교에서 진행되는 모의면접도 그렇고, 취업캠프 등 다양한 경험을 그동안 간과해왔던 업보라고 생각 하시면 될 것 같습니다.

생각보다 잘 되는 것이 아닌, 생각보다 잘 안 되는 것이 면접장 의 특징임을 분명하게 인식하고 행동으로 연습해야 합니다.

Question 14 ······

기타 5.

면접장에서 논리적으로 말을 못하겠습니다. 스피치 학원을 다녀야 할까요?

컨설턴트 해석

위와 같습니다. 같은 말이 반복되는 걸 보니 이제 이 책도 끝내야 할 때가 온 것 같습니다.

> *여기까지 제1권 신입 채용 면접 편: 인성&역량 면접 중심 끝.

면접관이 원하는 준비된 '나'를 보여주기 위한
1분 자기소개, 자기소개서 기반 질문 준비를 통해
최종합격자가 되는 면접의 문을
통과하시기 바랍니다!!

면접을 잡아야 취업이 끝난다

지은이 · 김치성
펴낸곳 · 마인드큐브
펴낸이 · 이상용
책임편집 · 맹한승
디자인 · 정태성(투에스북디자인)
기획 · 피뢰침

출판등록 · 제2018-000063호
이메일 · eclio21@naver.com
전화 · 031-945-8086 **팩스** · 031-945-8087

초판 1쇄 발행 · 2025년 8월 15일

ISBN 979-11-88434-91-6 (13320)
값 19,000원